虎娃猫妈
亲子过招十二年

杨陶如 著

少年儿童出版社

序

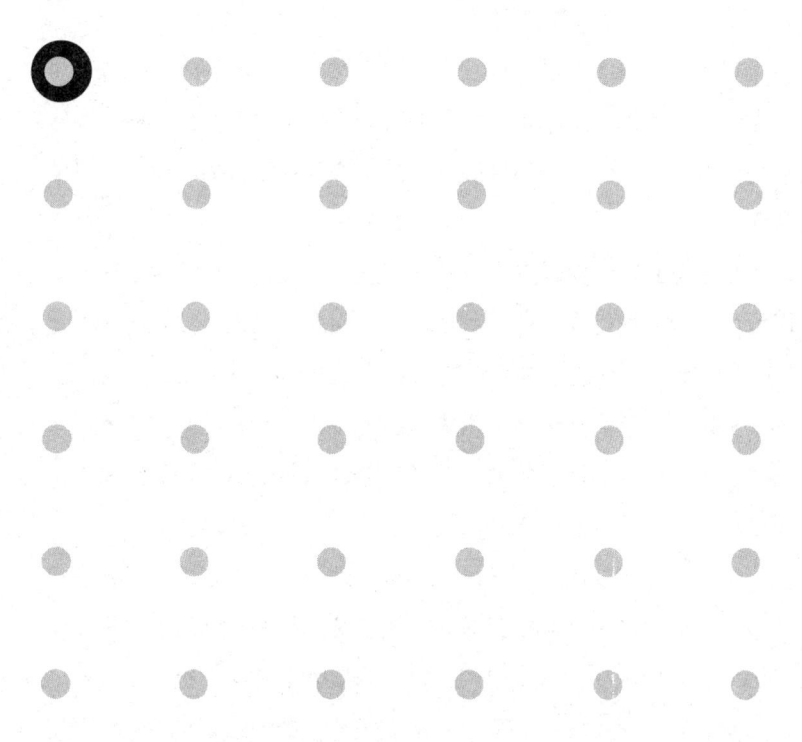

我真心喜欢杨陶如的这本书。陶如是13年前我们心育心公益心理网站的来访者。那时候，她还是一个伤痕累累、满心困惑的年轻姑娘。看着她十几年一步步成长至今，不但营造了自己的幸福家庭，还做起了帮助他人的心理支持工作，实在让我欣慰、感动。

中国社会这100年来的变化太快了，让生活在其中的我们兴奋、眩晕，很多时候不知所措。大门忽然敞开的中国社会，东西南北风吹进来，让不同代际的人际关系变得复杂、纷乱。特别是上有老、下有小的中青年家长，夹在年幼儿女与年迈父母之间作难。西方传入我国的五花八门的育儿方法与中国五千年的传统教育方式搅和在一起，引起不少冲突，使得我们陷入困境。杨陶如这本书没有太多说教，主要把她的女儿从出生到 12 岁的真实成长故事，讲给大家听。当然，其中也介绍了她把学到的有用的理论知识融合在育儿实践中，如何帮助她和女儿共同成长的好经验，以及有营养的教训。相信年轻的家长读了会受益。

近年来，我注意到很多女性的心灵成长，是从关注自己孩子的心理成长开始的。因为这些妈妈们发现，孩子身上出现的问题，绝大多数情况下，是自己，或者是整个家庭关系的问题引起的。一旦改善了自身的行为心理模式，不但孩子的一些不当行为自然而然地消失，甚至带动了丈夫和其他家庭成员的改变。家庭关系和睦、充满正能量，孩子就会越来越健康、快乐、向上。这就像一棵幼苗，你只要给它充分的阳光、水分、肥料，幼苗就会长得好、长得壮，因为你给了它需要的生长环境。同样道理，家长与老师的心理状态恰恰是孩子成长的心理环境。环境良好，孩子自然长得好。当下不少中小学校为学生开设心理健康课程，其实是个误区。需要学习和修正行为心理模式的是家长与教师，特别是小学生和初中生的家长与教师。孩子们身上出现的问题，几乎无一例外地折射出家庭与学校存在的问题。

另外一个误区是"早教"。当前社会，生活节奏快，竞争激烈，给人们带来了普遍的焦虑情绪。家长们特别喜欢比较，总感觉自己不如他人，但他们不是把劲儿使在增强自身能力上，却一股脑儿地将能量用在自己的孩子身上，说是"我的孩子不能输在起跑线上"。因此，学校也跟着发神经。中学的教材"下放"到小学，小学的内容"下放"到幼儿园，连胎儿都不得正常安宁地发育。有的孕妇把音乐贴在肚子上播放，造成孩子先天性耳聋。有些早教培训机构和幼儿园的费用竟然比大学学费还贵，甚至有孕妇早早就缴费预订"早教"位置。这样荒唐的拔苗助长现象，只在中国出现。为了赚钱，培训机构生出各种招数应对家长的焦虑，干扰孩子们的正常生长。

还有一个情况也需要与大家交流，就是对素质教育的误解。曾经学校有招收"特长生"的惯例。家长们不问自家孩子有没有兴趣，给他们报了一大堆"兴趣班"，还美其名曰提高孩子的素质。学钢琴、小提琴、芭蕾舞……假如孩子喜欢学还好说，假如孩子不喜欢，被逼着学，就很扭曲了。音乐首先需要欣赏，父母没有听音乐的爱好，硬逼着孩子弹巴赫或拉帕格尼尼的曲子，美妙音乐变成了苦工、劳役。这对音乐是亵渎，对孩子是摧残。

现在教育部门禁止学校招收特长生了，家长把这股劲儿就用在报数学班、英语班等方面，为的还是升学考试。请家长们特别注意，在今后10～20年间，社会需要的是人的思维的产生性和创造力。人工智能将在精确的记忆、大容量的存储等方面远超人类，那些简单、机械的工作将会被机器取代呀。用填鸭式、记忆式学习方法让你的孩子练就那些机器做得比人类更好的本领，不但毁坏了孩子的好奇心与发明创造能力，也因此断送了孩子们的生路和前途。

更加令我担忧的是，现在的小学老师动辄就给活泼好动的学生扣上一顶"多动症"（学名：感觉统合失调）的帽子，要求家长带孩子去医院检查。扬扬就是这样一个男孩。他的母亲带扬扬去北京大学第六医院做了系统检查，医院明确诊断孩子正常。但是老师依然希望家长带孩子去做什么"感统训练"，还吓唬家长说，如果不及早纠正扬扬的"异常行为"，他的智力和能力发育都会有障碍。我仔细询问扬扬："为什么老师上课，你会跑去操场玩耍？"孩子回答："她讲的东西我早就学过了，没意思。"通过进一步沟通、观察，我发现扬扬是个非常聪明、好奇心很强的孩子，而且能量过剩，缺少释放的机会。回想起我儿子小时候，和他有些相像。我的儿子方方在美国上小学一、二年级的时候，也遇到同样问题，常常被带到校长办公室问话。但是没有人说他有"多动症"，需要看病。我仔细查看后，发现学校教的内容实在太过简单，方方感到无聊乏味，于是开始做各种小动作，扰乱课堂教学。我给他跳了一个年级，还是不行，教学内容依然赶不上他的智力和知识范畴。无奈，只好由他去。继续跳班在其他方面可能会与他的年龄不匹配，影响他的社会交往。直到中学，儿子还是在课堂上"吃不饱"，但是已经学会不扰乱他人了。

老师应该明白，人与人的发展、发育是很不相同的。班里有个学生与其他孩子有点不同，需要你耐心地发现原因。成年人往往忘记自己小时候是多么好动，不能为了自己方便管理，就期望孩子像成人一样"坐得住""乖""听话"。我非常庆幸自己的儿子没有在扬扬上的那种学校上小学，当下的环境太不适合孩子发展了。上网查"感觉统合失调"，该条目下竟然写着："现代化都市家庭中，感统失调的孩子高达85%以上，其中约有30%的孩子为重度感统失调。"真有这么严重？！这恐怕变成现代都市病了吧。我在北京长大，小时候没听说有人有这种病。今天，在农村，如果孩子需要帮助父母辛苦劳作，也没见有"多动症"。对于智力有些超前的孩子，如果没有人歧视他们，不把他们当作病人对待，通常三、四年级之后，他们也没有什么"问题"了。

假如你真的挚爱自己的孩子和你的学生，请给他们一些玩耍的时间，所有高级动物都是在童年的玩耍中学习与同类形成关系的。假期让孩子去乡村走走，帮助那里贫困的儿童。看到不同的生存状态，你的孩子才知道珍惜自己得到的幸福。参加社会公益活动，培育慈善友爱之心，甚至让他们养成做家务劳动的好习惯，都会对他们今后的生活有很大助益呢。家长以为高大上的环境能够造就超级孩子，其实，平常心是保证他们幸福的基本要素。我们当下社会最缺少，最最缺少的，正是平常心啊。

徐浩渊
《我们都有心理伤痕》作者

自序

盘点：
坚持与自信的建构始于家长的心态观念

连着好几天，我在网络上看到大家在讨论关于 0～6 岁的建构，热闹且高深。我回答说："我思考的则比较简单：6 岁的欣，现在已经得到了什么？还需要什么？我做了什么？我还可以做什么？"敲完这段话，我突然觉得自己有了一些感悟。

欣以前一直没有学过钢琴，幼儿园的老师邀请欣放假去她家玩，顺便启蒙一下钢琴。于是欣欢天喜地地去了。

吃晚饭时，聊到学钢琴的事，欣说道："今天学习的内容好难啊。"

爸爸问她："好难啊，那你还学不学？"

欣说："当然要学啊！"

爸爸逗她："为什么还要学呀？"

欣说："要坚持啊！你不知道吗？要坚持啊！"

欣一脸的不屑，仿佛在说：这样的问题怎么还值得一问。我感觉到她还有一句潜台词没有说出来：是很难，可是我能学会的呀！

当时我就想，在她6岁之前，我和欣一起经历了什么，做了些什么，构建出了欣今天的坚持呢？

我花了点时间去翻日记，发现实在不知该怎么说。许许多多的小事中，总有一点这样、那样的痕迹。

我一直很看重的，是关于成功的高峰体验。每次遇到挫折，最终战胜困难后获得的那份成就感无比珍贵。这个过程很痛苦，我觉得最重要的就是家长随机应变的陪伴与引导：给孩子充足的时间去适应，允许她退缩，更允许她一次次失败。与此同时，我会给她帮助，与她一起尝试不同的选择。即使没有成功，我也会告诉她，没有关系，下次再试试，相信她能做到。也许正是这份坚信，在她的心中埋下了"我能做好"的小小种子。

有过一次成功的体验后，再遇到其他困难时，我常常鼓励欣："你瞧，上次那么难的事儿你最后还是做到了，这次总有办法的。"有时她会哭着说不行，我便抱抱她，让她哭一会儿，接纳她的情绪，理解她的需要，再告诉她："没有关系，现在不行，也许我们再想个什么法子，就行了。"

经历了这样的一次又一次，欣对自己的信任，开始慢慢生根。就像钢琴老师一次无意中说的："这同学的毅力像小太阳一样，能量无限大。"

在我们一个家长群里，大家在讨论如何让孩子自信，看到大家都把自信放在构建的第一位，我也想说说自己的感受：

真正的自信，不是比别人好，而是对自己有信心。遇到问题时，不害怕，不逃避，知道自己可以做得好，有过战胜挫折的成就感。如果只是想比别人厉害，总有不如别人的时候，那时的落差，可能会压垮一个人。自信，不是灌输或反复表扬就能得来的。我觉得，家长的心态和观念很重要，特别是在孩子0~6岁时在互动中注意对他们进行引导。

建设好了前6年，后面的小学6年，我们轻松了不止一点点。

因着这个心态与引导所打下的良好基础，在欣小学的六年时间里，我们无数次感受到了沟通的顺畅，感受到了她应对困难时的力量，更感受到了独立自主的花儿迎风绽放。所以对于她今后的成长之路，我们有着满满的信心。

我要特别感谢著名心理学家徐浩渊博士，正是在她13年来持续的支持、帮助下，我从一个带着心理伤痕不知所措的新手妈妈，一步步自我成长，了解自己，突破自己，成就了自己。

还要特别感谢张玲老师，在她8年来持续的陪伴和引领下，我和我的小伙伴们在潜移默化中学会了涵容，学会了用心对待孩子的每一件事，学会了及时调整自己。我慢慢打破了命运轮回的魔咒，带领孩子走出了一片崭新的世界。

目录

序 / 001

自序 / 005

第一招　理解感受并真心接纳 / 001

1 不要用"勇敢"压制孩子的感受 / 002

2 哭吧，哭吧，不是罪
　　　——引导孩子正确认识情绪、表达情绪 / 004

3 告别小白——陪孩子面对宠物死亡 / 009

4 我不想写作业
　　　——对情绪大爆发的接纳与宽容 / 012

5 面对糟糕的模拟考成绩 / 015

6 令人抓狂的求完美 / 018

7 宽容接纳中，对抗越来越少 / 020

8 我的情绪我负责，你的心情你调整 / 023

第二招　找到行为背后的需要 / 027

1 解开烦躁的结 / 028

2 进入追求完美敏感期的孩子
　　　该如何面对"不完美" / 030

3 是坏脾气吗？ / 032

4 她为什么哭？ / 035

5 顺应发展中的"自己来" / 038

6 孩子不肯去幼儿园怎么办？ / 040

7 躲着吃方便面 / 043

第三招　温和而坚定赢得合作 / 045

1 如何让孩子养成良好的吃饭习惯 / 046
2 温和有力地对孩子说"不" / 048
3 吼叫管用吗？/ 051
4 一颗糖的"考验" / 053
5 能再多玩一会儿吗？/ 056

第四招　延迟满足与自控力 / 059

1 摇摇车，明天见！/ 060
2 我能玩你的滑板车吗？/ 062
3 要娃哈哈还是要酸奶？/ 065
4 自由与自律 / 068
5 自制是这样炼成的 / 071

第五招　学习承担自己的责任 / 073

1 为什么不能喝牛奶？/ 074
2 你上课还是我上课？/ 077
3 替代生活之天热穿衣 / 080
4 自己剪坏了头发，怪老妈吗？/ 083
5 赌气不吃饭，饿的是自己呀！/ 086
6 为了自己想要的生活做准备 / 088
7 你喜欢兴趣班，你自己去上啊！/ 092
8 由课外书引发的冲突 / 095
9 找到帮助孩子的度 / 099

第六招　遇到问题把人和事分开 / 101

1　是馋嘴吗？ / 102

2　我道歉了 / 104

3　孩子故意口吃怎么办？ / 107

4　化解爷孙气 / 110

5　是粗心吗？
　　——谈谈视觉广度与视觉敏锐度 / 114

6　吃槟榔的欣 / 118

7　打破轮回魔咒：用手机看小说到半夜 / 121

第七招　每件事至少有三个解决办法 / 125

1　除了生气和烦躁，还有什么办法？ / 126

2　波妞，笑笑！ / 129

3　我不想去"××人家"吃饭 / 131

4　找到解决问题的三个办法 / 135

5　被人"放鸽子"了怎么办？ / 138

6　学古筝的一道坎 / 142

第八招　相信自己，获得安全感 / 145

1　我能自己吃饭 / 146

2　四十片拼图地垫 / 149

3　我会吐鱼刺啦！ / 152

4　开学第一天，谁更焦虑？ / 156

5　我的作业我做主 / 160

第九招　及时的肯定和鼓励 / 163

1　抠鼻子 / 164
2　我要自己刷牙 / 169
3　不愿意就大声说出来 / 173
4　表扬，是为了谁？ / 176
5　差点忘记的听写测试 / 179
6　真心的表扬 / 182

第十招　突破困难积累自信 / 185

1　在试错中建立自信 / 186
2　突破自己，大胆尝试 / 189
3　泪水浸着"努力的能力"
　　　——遭遇写字的问题 / 192
4　哭着也要自己走下山 / 195
5　战胜害羞的成功体验 / 199

第十一招　接纳不完美的自己 / 203

1　输不起的孩子 / 204
2　逃避困难，还是螺旋式前进？ / 208
3　藏卷子的孩子 / 211
4　放弃还是坚持？ / 215
5　数学不好的孩子还是好孩子吗？ / 219

第十二招　一站二看三通过 / 223

1 遭遇脏话欣 / 224

2 切断难听话的传递链 / 228

3 孩子不愿看书怎么办？ / 230

4 不肯去上学 / 234

5 评价或观察？ / 236

6 谎言的背后 / 239

7 平静就是力量 / 242

附录　特别推荐：在游戏与阅读中静待花开 / 247

后记　只是因为爱你 / 255

第一招

理解感受并真心接纳

是什么阻挡着我与你的心相近

我要如何才能帮到你

感受到你的感受

我将走进你的世界

不要用"勇敢"压制孩子的感受

欣宝和邻居小哥哥一起玩。她拿着小哥哥的一辆汽车玩得正高兴,小哥哥却要回家了,欣宝对小汽车恋恋不舍,不耐烦的小哥哥一把抢走了汽车。她一下子不知所措,急得哭了起来。

"不要哭,欣欣最勇敢了。"陪着欣宝玩的外公不停地用这两句车轱辘话哄着她,过了很久,欣宝才止住哭。

外公事后告诉我这件事,我对他说,下次再遇到这样的事,我们最好不要说"要勇敢",也不要说"不要哭"。我们可以直接告诉欣事实:这是别人的玩具,我们得还给他。

要帮孩子建立正确的概念，就必须忠于事实，而不是让他盲目地服从权威，听话地"不哭"。不要用"勇敢"来压制孩子真实的感受，隐藏自己的情绪需求。

一件玩具玩得开心，舍不得松手，用大哭来表达自己的难过，这是孩子的天性。反而是许多成年人习惯忍辱负重，不敢表达自己的想法。我们在与孩子的互动中，常常习惯性地要求他们"勇敢"，无意中堵住了他们自助和求助的途径。孩子们长大后，会条件反射地忽视自己的痛苦，忽略自己的感受，逃避自己的问题。他们慢慢忘记了如何表达，不懂得求助，也不了解自己。

《拥舞生命》一书的作者认为，长期受这种"要坚强"思想灌输的孩子长大成人后，当感到悲伤和无助时，很难向人求助或倾诉，也看不到周遭可以提供的支援与协助，常陷入孤独、绝望的感觉。

我们并不是说从此拒绝"勇敢"与"坚强"。拥有这些优秀品质的前提是我们不用"勇敢"与"坚强"来掩盖和回避内心的真实感受。遇到具体的事件时，我们首先接纳孩子的感觉和情绪，倾听孩子的感受和需求，然后帮助孩子一起渡过心理难关。

如果孩子从小就被拒绝表达感受，习惯性地被否定，被要求以成人的视角去解决问题。长大后，他们就会认为感受是无关紧要的，重要的是各种权威主张的"正确思想"。渐渐地，他们习惯服从权威而非倾听自己；渐渐地，他们习惯考虑的是"别人期待我怎么做"。

直面自己的情绪，发现自己内心的需求，尊重自己的感受。这样的孩子长大后才会成为不拧巴、不内耗、发展真实自己的成年人。

2. 哭吧，哭吧，不是罪
——引导孩子正确认识情绪、表达情绪

两岁半的欣和小林姐姐在幼儿园操场上玩得正高兴，小林妈妈来接小林了，他们要去看演出。欣一边大喊着"小林姐姐"，一边拉着我的手使劲去追，眼睁睁地看着小林姐姐离去，欣放声大哭起来。

我抱着她轻声地说："明天小林姐姐还会来幼儿园，我们明天再和她一起玩，好吗？""我不！"欣哭得更伤心了。我知道此时说什么都没有用，欣宝正处于一种伤心、难过的情绪中，什么话都听不进去。于是我抱着她，让她继续哭。

正巧，幼儿园的一位老师路过，问明情况后开始哄欣宝："欣宝

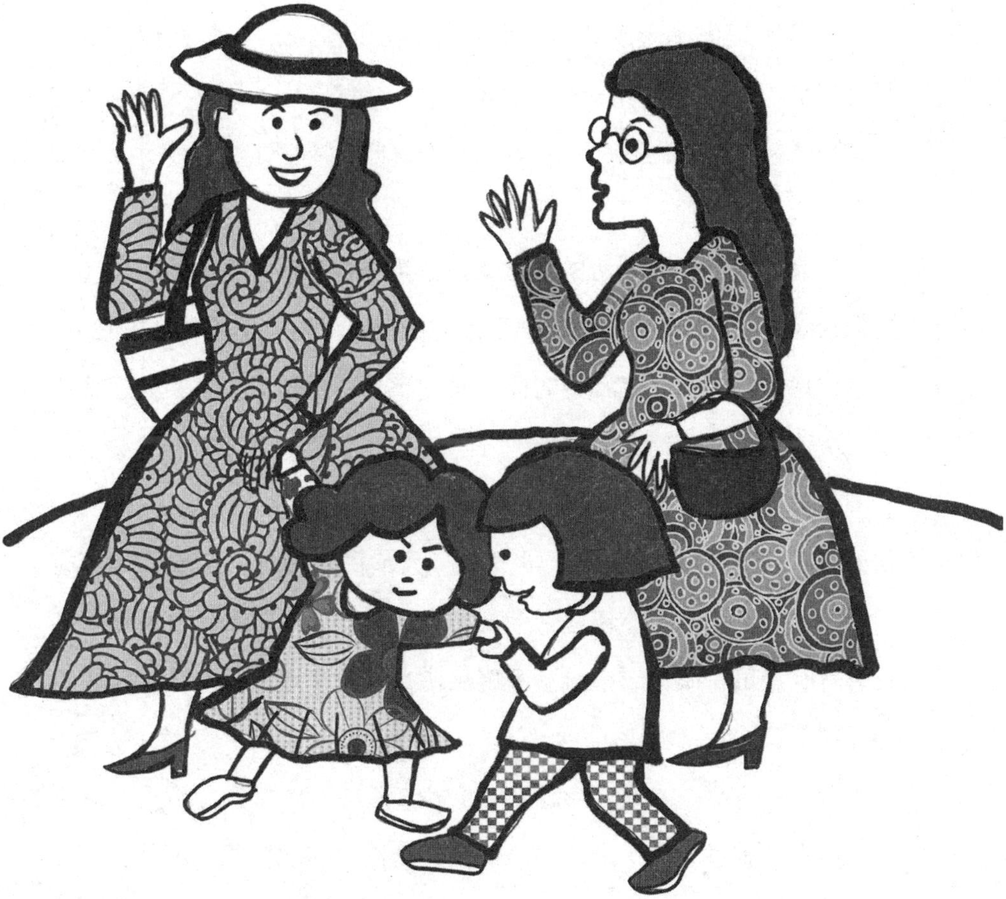

乖，不要哭了，你不哭我就给你一个玩具玩。"欣不为所动，继续哭。老师又哄她："不哭了，你不哭我就帮你把小林找回来。"欣停下来，充满期待地看着老师。老师嘴里说着，却没挪动脚步。

我看不过去了，亲了一下欣，然后告诉她："小林姐姐和她妈妈看演出去了，我们明天才能一起玩。""哇……"欣又大哭起来。保姆陈姨在一旁责怪我："欣宝已经好好的，不哭了，你怎么又要提这事？"

这其实是一种认识上的误区。情绪是一种客观存在和主观体验，我们只能体验它，疏导它，无法压制它或者消灭它。即使你压制住它，转移注意力，它也会在其他时间、其他事件中冒出来，并且孩子失去了一次体验负面情绪的机会。

我什么也没说，只是温柔地抱着欣，等她慢慢哭完。哭了一会儿，欣的哭声越来越小，终于停了下来。我趁机对她说："我们回家好吗？"欣宝点了点头，说道："好，我想吃幼儿园隔壁的豆腐脑。"我牵着欣走出校园，欣宝端着豆腐脑满足地吃了起来，刚才的事也不再提起。

每天一起玩、一起回家的小朋友突然走了，因为舍不得，欣宝觉得伤心、难过就哭了，这是她对伤心情绪的一次体验。不能为了让她停止哭泣，就欺骗她说可以把好朋友找回来。跟着自己最真实的感受，表达自己最真实的情绪，认识情绪，才能解决问题。

有个朋友说，她儿子在3岁多的时候，脾气特别大，生气的时候还会自己打自己。有一次，小朋友又大发脾气，正当他又要打自己时，他的妈妈赶紧抓着他的手，轻声说："深呼吸，这样深呼吸。"她做着深呼吸的动作，小朋友跟着做。因为生气，小朋友的呼吸声很重，小手握得紧紧的。慢慢地，他的小手松开了，呼吸声也没有那么重了。

后来，每当孩子又想发脾气的时候，她都会在旁边喊一声："先深呼吸，等下再说。"现在，小朋友打自己的坏毛病早就没了，即使很生气的时候，也只是重重地叹口气："唉！"

孩子生起气来打自己的问题好像是解决了，但在我看来还是有隐患的。我告诉这位妈妈：

> 孩子除了要学会控制脾气，还需要学会认识情绪、表达情绪。他生气的时候习惯先打自己，说明他没有认识到自己的愤怒情绪，也不知道该如何来表达。
>
> 下次遇到这样的情况，我们可以试着帮助他认识和理解自己的情绪，比如蹲下来握着他的手说："你现在很生气，对吗？（共情）你不用打自己，你可以大声说：'我很生气！我现在很生气！'"让他跟着你一起大声说，把心中的愤怒表达出来。

这是一种情绪引导的方法，多做几次这样的练习，他就不需要用攻击自己的方式来表达愤怒了。更重要的是，在日常生活中，让孩子体会到自己的各种情绪感受，并学会表达自己的情绪，如我很生气、我很难受、我很烦躁、我不舒服、我害怕、我嫉妒……这对孩子的成长至关重要。

对于我们大人来说，只有先理解、接受孩子的感受，才能进一步帮助孩子认识情绪、疏导情绪、管理情绪。

看到很多妈妈说，男孩子就应该有男子气概，没事不能老哭。我想起了一个笑话。有个女同事说："我就看不得自己儿子哭个没完，男人就应该顶天立地。"我问她儿子多大了，她说："1岁3个月。"我们大笑，那是男人吗？男童都不是，根本还是个男婴啊。

我向大家推荐一套关于孩子的情绪感觉的书——"我的感觉"系列图书。这套书共八本，分别是《我好害怕》《我好难过》《我觉得自己很棒》《我好嫉妒》《我好担心》《我好生气》《我会关心别人》《我想念你》。它汇集了八种常见的情绪，用彩图和故事来展现各种情绪的特征及相应的处理方法，让孩子能形象地认识情绪并掌握调节情绪的方法。

3. 告别小白
——陪孩子面对宠物死亡

早上，兔子小白躺在地上不动了，欣却说它是生病了，忙着约三三姐姐出去玩。晚上洗完澡，欣的伤心突然爆发了。

我把她搂在怀里，她边哭边说："早上小白还来迎接我，它还吃了我喂的菜……中午的时候它明明还动了……"看着她一直在哭，拥抱、共情都不能让她感觉好一点，我就问她愿不愿意给张玲老师打个电话说一说，她同意了。

"我要姑姑再给我买一个小白，和小白一样白，一样的红眼睛……"听着欣对着电话念叨，我的眼泪也哗哗地掉下来。挂了电话，欣告诉我，张玲老师给她出了个主意，要她把小白放到一个漂亮的盒子里，盒子外面包上漂亮的纸，找个地方把盒子埋起来，插上蜡烛和鲜花。等到清明节的时候，再去看它。

我陪着欣找了一个漂亮的盒子，让小白舒服地躺在里面。但欣一直在哭，怎么也不肯去把小白埋了。第二天早上起来，欣直接冲到阳台上，对着盒子一个劲地掉泪。上学路上，她担心地说："我要是上课想哭怎么办？老师不准我们想学习以外的事情。"我们劝她，想哭就哭吧，老师会理解的。

后来，张玲老师打来了电话。她提醒我，欣现在需要我们的帮助，不能让她一直停留在悲伤中。我们要陪着她把小白埋葬，和小白做一个告别，这也是她的一个学习过程。张玲老师说，欣现在的表现和我面对痛苦的方式很像，我们都下意识地选择逃避……

很多时候，当孩子伤心难过时，家长们总是希望孩子能快点好起来，走出难受的情绪。在遇到类似的情况时，往往会用"不要哭了，再给你买个新的小兔子回来吧"之类的方式来终结孩子的痛苦。这是因为家长自己无法承受孩子的痛苦和难过，却不知这样很容易让孩子在遇到痛苦或挫折时习惯逃避。

要让孩子学会面对痛苦不逃避，作为家长，我们应当理解并接纳孩子的痛苦感受，鼓励他们用哭泣等方式把痛苦的情绪宣泄出来。家长要及时调整自己的情绪，帮助孩子用正向面对的方式，从痛苦的情绪中走出来。

当天晚上，我们带着欣一起把小白埋葬了，并与它告别。欣为此专门写了一篇日记。几天后，欣终于走出了小白离去的低落心境。

告别小白

2011年3月21日　星期一　天气：雨

昨天早晨我走进阳台，小白像以前一样跳过来。我给它喂了一点食物，就去吃早饭了。妈妈突然说："小白躺在地上不动了。"我赶紧去看它，碰了一下它，它的脚动了一下。我就出去玩了。

等我回来，姑姑说小白已经死了。我不相信，姑姑说是真的。我摸了一下它的耳朵，它不动了，我觉得它真的死了。

今天我和爸爸妈妈吃完晚饭就去埋小白。大伯（张玲老师）昨天说："你先把它装在一个漂亮的盒子里，然后外面套一个漂亮的袋子，再找一个你觉得适合的地方挖一个坑埋小白。点根蜡烛，陪它一会儿。"我今天就是这么做的。

我把小白埋在后院，还送了一个小娃娃陪它。今天正好下雨，蜡烛点了好久才点燃。把小白埋进去后，我又给它喂（撒）了一点叶子。我跟它说："小白再见！希望你到新的地方交到更多的朋友，玩得更开心。"

4. 我不想写作业
——对情绪大爆发的接纳与宽容

这天接到欣已经晚上七点了,走到大门口的时候,我随口问欣周五英语班的作业做没做。欣先是说不想做,再问就掉下了眼泪。接下来她竟边走边哭,大声嚷嚷:"我不要做作业,我什么作业也不要做了!"想了想,又接着哭:"除了学校里的作业,我什么作业也不要做了,我什么课也不要上了!"

我问:"为什么呢?"

"我好惨啊!天天都要写作业啊,我天天上完课还要上课啊,我好惨啊!"欣越哭越凄凉,最后悲愤向苍天:"我好惨啊,我只是个孩子啊……我根本没有玩过啊！"

欣边哭边嚷，路人纷纷侧目。我被她突如其来的大爆发给愣住了。我搂着她站在路旁等了半个多小时，却不知说啥好。等她哭得差不多停下来，我才和她慢慢聊起来。

谈来谈去欣就是那么几句话："我不想上课外班了，我不想做课外班的作业。"欣越说越气，声音越来越大，我感觉她似乎在狠狠地发泄着什么。过了一会儿，她的声音在不知不觉中平和下来。

感受到欣的心情平复得差不多时，我们开始讨论解决办法。我有点犹豫，想劝说欣坚持把每个课外班的作业都写完。欣的情绪一下子又上来了，很是烦躁。

这时欣爸出面，和欣达成协议：可以先试试不做作业光上课，如果出了问题再调整。于是由欣自己去跟英语、音乐老师协商，商讨出老师和欣都能接受的作业方式。

和欣爸探讨这次欣的情绪大爆发事件，我推测很有可能是源于学校里的作业量变化。每到期中和期末的时候，学校的作业就会加量。欣刚上一年级，明显感受到压力却说不出来，她只是单纯觉得难受，就把对学校作业的压力，发泄在环境宽松的课外班上了。

上舞蹈课时遇到了苏老师，我和她聊起欣这次的大爆发，她说："你感觉到了欣当时是在发泄情绪，就抱着她让她发泄个够。不用说什么共情的话，或许欣当时需要的就是发泄。正是因为你允许她哭，允许她反复诉说，她才把压力发泄出来了。"

听到苏老师这么说，我一下就释然了。**原来我一直害怕做错，时**

时刻刻在审判着自己。当我无法坦然接纳自己，无法令自己放松时，欣或许早就感觉到了……欣的压力，真的只是从学校老师那儿来的吗？

后来和张玲老师聊到这一段，她笑着说："其实作业是欣和老师之间的事呀，你可以让她自己去和老师交涉。如果老师同意了她可以怎么做，如果不同意她又可以怎么做……"

"啊！"我大叫，"难道我又在替欣做决定了？"张老师望着我笑了笑。

在这个时刻，我感受到了被接纳、被宽容。苏老师和张玲老师都没有批评我做错了什么，也没有指责我什么，原来不放过我的，一直是我自己！我再一次学习了接纳与宽容。错了有什么关系呢，错了我们还可以调整，没有什么是完美的！

对孩子也应当如此。所以，当我想找出最佳解决方案劝说欣时，她会莫名再次烦躁。而当我允许欣发泄时，欣的情绪会慢慢平静。欣爸再引导欣去试一试，欣便找到了当下适用的解决方法了。

5. 面对糟糕的模拟考成绩

下班路上我接到欣爸的电话，说欣的语、数、外三门模拟考没考好，欣自己觉得考得很糟糕。我当时脑子里想的是：这事该怎么面对呢？不行我就翻出自己数学曾得过40分，后来拿到100分的事例鼓励她吧。

我到家一看，欣的情绪还可以，她正在对着电脑做英语作业。等她做完作业，我刚说卷子拿出来看看吧，欣就不肯了，看着眼泪就要掉下来了。

我回应了她的感受和需要，等她的情绪缓和下来，我们开始聊天。

我说:"欣,考试只是为了让我们知道哪些地方没弄懂,哪些地方需要加强练习。分数并不能代表你是个什么样的人。不管你考了多少分,你都是爸爸、妈妈最爱的宝贝……"

我明显感觉到欣的身体在那一刻忽然放松下来,我甚至能感觉到她悄悄地呼了一口气。接着,她起身去拿卷子,她爸爸陪着她做了一番分析。

上床睡觉前,我带着欣进行表达感受的练习。我问她之前拿出卷子是什么感受,她想了半天说词汇不够,说不出来。我就用手机把关于感受的词语找来一个个问。

说到"担心",欣点头说是。我问欣:"你担心什么?"

欣说:"担心你和爸爸会生气。"

我说:"你以为我们会胖揍你?"

欣笑着说:"那倒不是,你们不会打我的。"

我问:"我以为你会害怕呢。"

欣说:"不会害怕啊,我只是担心。"

原来孩子也没有我们想象中那么脆弱。

我说:"欣你放心,不管发生什么事,爸爸妈妈都会陪在你身边的。就算有时我们会生气,也只是生气你做的事,爸爸妈妈永远爱你。"

欣点点头说:"我现在的感受就是舒畅。"

当年读书时我的成绩也不大好,数学是我的噩梦。直到后来,我在工作和兴趣爱好中慢慢找到自信和努力的方向,渐渐有了一些成就。现在回头看，我发现，读书时的成绩并不会决定人一辈子的命运，成绩其实只是我们人生中的一部分，并不能代表全部。

人生应该是由多个点支撑起来的，就像一个凳子有四只脚。如果只有学习成绩一只"脚"来支撑整个人生，一旦这只"脚"出现问题，人生就会崩塌……

庆幸的是，在今晚与欣的交流互动中，我觉得欣还是松了一口气，她没有因为自己成绩不好而否定自己。在面对糟糕的成绩时，我也没有上来就责骂她，而是引导她说出自己的感受，接纳、理解她，让她感受到来自父母的支持和鼓励，从而有信心去面对问题、解决问题。

呵护孩子的成长，家长也需要不断地学习！

6. 令人抓狂的求完美

晚上，欣在写作业，一个"s"怎么都写不好。欣一边哭一边说："写不好了，我写不好啦！"她写写擦擦，怎么都不满意，越急越写不好，越写不好越擦，越擦越哭。

刚开始我想找出几个写得还不错的来增加她的自信，但欣并不认同，非要说现在没有一个是写得好的。我理解她这份求完美的认真，就希望她能放松点。于是我又提议先把后面的字母写完了再回头写这个"s"，或是干脆休息一会儿……可是这些办法统统不行，看她哭个不停，我也要抓狂了。

听到欣的哭声，欣爸走了过来。正巧我的手机响了，欣爸便接手处理这件事。等我打完电话回来，欣已经平静下来写后面的内容了。

仔细一看，欣爸的办法真是又简单又绝妙：他拿了一张纸让欣一直练习，写到欣满意为止，然后再写到作业本上。我突然醒悟过来：我之前一直说她写得好，其实是一再否定她当时的感受呀！她一直觉得自己没写好，我却说她写得好，那就是一直在否定她的真实感受。她对自己的感觉与我对她的评价不同，这个矛盾也令她非常痛苦，简直是雪上加霜啦！所以她用对自己更加负面的评价来对抗我的否定，想让我理解她的真实感受。可是我没有体会到呢。这个时候的欣，没有能量来面对问题、解决问题，她深深地陷在了自己的负面情绪和与我的对抗中了。

而欣爸让欣在另外的纸上写到自己满意为止，这就是肯定了她的感受：是的，这个字母写得不够好。那我们找个安全的地方写，不用给老师看，安心地练习，写到满意为止。**这个关键就在于，她自己的成功体验才是自信的基础，帮助她得到成功的体验是鼓励的最有效办法。**

每个人的具体情况不同，每一次的情况也各不相同。不知下一次，我们会遇到什么样的情况，又应变出什么样的招式帮孩子呢？

7. 宽容接纳中，对抗越来越少

一天晚上，做完了作业，二年级的欣准备按计划在电脑上看会儿动画片。结果听到我说得用电脑在家值晚班，她一下子便红了眼睛，很生气地要求我让出电脑。一时间气氛很僵。

我理解她这么生气是因为计划被破坏了，所以没有责怪她的无理取闹。我引导欣弄清楚自己的感受：委屈、生气，并带着她练习说出自己的需要："应该做的事我都做完了，我想按计划看动画片。你却突然说要用电脑，让我看不成，我好委屈、好生气！妈妈，我想看动画片。"

欣说完这些，情绪明显缓和了，她不但能听得进我的解释，也开始和我一起寻找解决办法。很快我们就达成了共识：电脑让给妈妈工作用，欣可以到客厅看碟片。

欣选择了《西游记》，津津有味地看起来。到规定的时间了，我提醒她，欣气坏了，大叫："时间怎么过得这么快，今天晚上怎么这么不公平！"

这时，我发现这一集还有8分钟才能结束，便对欣说："送你8分钟，把这集看完吧，明天不用你还……"欣很惊讶，然后立马乐呵呵地看了起来。看完这一集，没等放完片尾曲，欣就主动把电视关了。我肯定了她的自觉行为，表扬了她。

我把这一段经过放在论坛上，引发了大家的讨论。大家看了我处理欣争夺电脑哭闹的过程感觉很有收获，认同家长不应凡事责怪孩子，而要帮助孩子找到感受、说出需要，并且和孩子一起达成共识，寻找解决办法，这得和孩子一起多练习。

对于后面要不要送8分钟，大家出现了激烈的讨论。

有人说："为什么要送8分钟呢？都到时间了呀。送总得有个说法吧？不然岂不是妈妈随心所欲地操控？"

有人说："如果一次次放宽，约定还有什么用呢？以后孩子会不会对所有的约定都不当回事儿？"

也有人表示赞同，觉得可以根据实际情况进行弹性操作。

以前我也常常会有类似的担心，总怕这样做那样做，会有什么不良后果。当我慢慢学着放轻松，我感觉自己的心贴近了欣的感受。

自己越来越放松，欣也越来越容易把糟糕的心态调整过来。

就拿大家都在纠结的多给的 8 分钟来说，我的决定是以她的感受为出发点：多看一会儿可以把这一集完整看完。

就算我真的做错了，也没有那么可怕。当我的态度不再强硬，欣的能量也不再聚集在与我的对抗上了。

约定有了反复没关系，咱们再约定……进两步，退一步，当我允许了反复，允许了自己的不完美，我就宽容了自己。

而欣在我的宽容中越来越轻松。她对自己的愤怒少了，对自己的信心多了……我们的对抗少了，我们给自己的选择机会多了。真心接纳孩子的感受，以孩子的感受为出发点，我们的生活欢笑越来越多，我们对明天充满了信心：无论发生什么样的问题，我们总有办法解决！

8. 我的情绪我负责，你的心情你调整

当孩子发脾气哭泣时，我们作为家长该如何应对？
如何体会到自己情绪背后的感受？
如何引导孩子学会处理自己的情绪？
如何平和地与孩子交流？
如何分清各自的责任？

一、事发：突如其来的哭泣

刚刚上初一的欣同学欣喜地收到了自己动漫角色扮演的装备之一：蓝色和紫色的美瞳，她立马高兴地试戴起来。不一会儿，我听到了欣频繁叹气的声音。看来，她的美瞳戴得很不顺利。

这时，欣忽然说："妈妈，你还是给我买个隐形眼镜吧。"

我随口回答："隐形眼镜总是要戴上取下，对眼睛伤害很大。"

"你什么都不懂！"欣烦躁地大叫起来。

呃，这是什么情况？我一时没反应过来。

想了想，我试着解释一下："你看现在你戴个美瞳都这么不容易……"

"就是因为戴得少，所以我才不熟练！"欣凶巴巴地回我。

我让一步，说："我不戴眼镜，不了解情况，等你爸回来你们商量。"

我不再说话了。只听见房间里传来欣同学的各种动静：拍桌子，甩东西，甚至抽泣声……看过去，她的眼泪正一串串掉下来。

二、事中：回应感受，孩子的情绪缓和下来

我的心情也跟着糟糕起来，我恼火地嚷道："说了让你晚点跟你爸商量，我又没说不同意，你哭什么哭啊？"

欣的眼泪再次飙了出来。她狠狠地抹着脸，烦躁地走来走去，用抱枕砸沙发，用脚踢东西……

我停顿了一下，回顾刚才发生的事：欣正在戴美瞳，戴不进去，想要平时用隐形眼镜练习熟练度……原来是这样！

我想了想，平静地说："刚才你一直戴不进美瞳，看起来很烦躁。"

"是的！"欣烦躁地大叫着。

"戴了这么久没戴进去，你现在非常恼火，气得都掉眼泪啦。"我继续回应她。

"我就是烦躁，我就是想哭一下，不可以啊！"欣的声调明显降了下来。

"当然可以啊，你想哭就哭一会儿。等会儿心情好一点了，也许就会顺利些。"

我想过去抱一下她，看着她烦躁不安的样子，决定还是坐着不动。过了一会儿，我去做饭时，欣还在那儿继续捣鼓着美瞳，看起来没有那么烦躁了。

不知过了多久。

"妈，我戴进去啦！"外面传来欣高兴的声音。我还没走出厨房，欣已眨巴着大眼睛冲了过来，两只眼睛蓝莹莹的。

"哇，这么快，两片都戴好了！"我真心地为她开心。

三、事后：再遇到类似的事情，怎么办？

戴着漂亮的蓝色美瞳，欣同学心情超好地吃着饭。我和她聊天。

"欣，你之前怎么也戴不上，你觉得是什么原因？"

"什么原因？"

"我感觉是因为着急。越着急，越戴不上。"

"好像是啊。我觉得越着急，越烦躁。"

"后来你情绪缓和下来了，是不是就很快戴上了？"

"嗯。"

"戴不上美瞳就着急，这是你自然产生的情绪，很正常。当你发现自己特别着急，特别烦躁，又特别想赶紧做好的时候，你可以让自己先停下来，先放一放，不碰这件事。"

"好的，我下次试一试，停下来。"

接下来，整个晚上都在愉快中度过了。

四、思考：无法倾听，是因为想回避自己的不良感受

上周四晚上，张玲老师在读书会上说："我们无法倾听，是因为我们在回避、防御自己的不良感受。"

是的，当我看到欣的烦躁和发脾气，我的感觉非常糟糕，所以，我的第一反应是想吼回去，让欣赶紧恢复成正常状态。其实这些反应，只会火上浇油，让事情变得更加糟糕。

所以当我停下来，仔细体会欣的处境，我回应了她的感受后，她的难处被理解了，她的感受被体会到了，她的情绪也得到了缓解。她不再困在不良情绪中，事情就开始顺利了。

倾听意味着全心全意地体会他人的情绪和感受——这为他人充分表达痛苦创造了条件。

第二招 找到行为背后的需要

孩子每一个让人抓狂的行为背后
都有一个未完成的需要

1 解开烦躁的结

不知怎么回事，1岁4个月的欣宝总是莫名哭闹，有一天甚至10分钟之内尖叫哭闹了五六次，真是让人受不了！刚开始我还试着温和耐心地安抚她，当我发现怎么样也没用的时候，就忍不住着急上火了。

那天我出差赶回家，欣宝已经吃完奶准备睡觉了。她看我端着饭坐在旁边，高兴地在床上玩起来，嘴里喊着："妈妈抱。"

平时欣宝上了床后从不要求抱的，我想了想，赶紧放下碗把她抱在怀里。保姆陈姨正巧走过来，看到说："哎呀，看你妈妈连饭也不吃了。"我知道，陈姨认为我在娇惯欣宝呢。我说："今天我没怎么抱她，她肯定感觉没抱够。"果然，我抱了她一会儿欣宝就不要抱了，手指着床喊："床，床。"

我把她放在床上，她又玩了一会儿，自己躺下，喊道："妈妈摇！"我一边唱歌一边推了一会儿，欣宝很快进入了梦乡。

我这才向陈姨解释，**当我们找到了欣宝烦躁行为背后的原因，充分满足了欣宝的需求，她就不会那么烦躁地哭闹了。**

今天欣宝上床后还想要我抱，是因为我今天抱她抱得少，她不满足，所以要我抱。等她感到满足了，就主动要求睡觉了。如果不理解她这些行为背后的原因，直接拒绝她，或是逼着她睡觉，她一定又会大哭大闹的。

陈姨恍然大悟。我把这个道理和外婆、外公又解释了一遍，希望大家以后都能尽可能体会到欣宝烦躁行为背后的需要，不要总认为她在无理取闹。

今天晚上，欣宝和爸爸视频得很高兴。我对她说："妈妈到客厅把饭端进来，好不好？"她点头说："好！"我这才放心地离开。听到她在后面跟了几步，我回头看见她正扶着床沿看着我。我盛饭和夹菜的时间比较长，她在房间一声声地喊着，但没有哭。后来我又有几次离开，我都事先和她说好，她都没有哭闹。

这在以前，是完全不敢相信的啊！现在欣宝哭闹的时候越来越少了，除了她渐渐长大，学会理解与表达外，我相信，我对她的需求的理解、满足，让她对我有充分的安全感，也起了很大的作用。

2. 进入追求完美敏感期的孩子该如何面对"不完美"

一天，2岁的欣宝吵着要跟在外地出差的爸爸视频。不巧爸爸正忙，我就告诉她，先吃饭，吃完饭再和爸爸视频。欣宝勉强答应了，可只吃了一口饭就不要了，大喊"汤"。我给她盛了一碗汤，外婆担心她吃得太少会饿，就放了一勺饭在汤里。

"哇！"饭刚放进汤里，欣宝就像被按下按钮一样大哭起来。她扭着身子，把头在椅子靠背上使劲地蹭，使劲地哭，哭得满头大汗，怎么哄也不行。

我赶紧重新拿个碗盛了一碗汤给她，喊她看。忙着哭的欣宝没注意到新盛好的汤，我就又盛了一次，再次喊她看。看到重新盛好的汤，欣宝马上停止哭泣，端起碗喝了起来。

哄好了欣宝，外婆却还在生气，她觉得欣宝这是"无理取闹"。按照以往的习惯，外婆可能马上就要数落她了。

我赶快告诉外婆，欣宝之所以哭，是因为在她看来，汤里放了饭就不是汤了，就像一个香蕉掰成两半就不是香蕉了。还有的孩子不吃半块饼干，只吃整块饼干，这都是典型的儿童完美敏感期的表现。

这个阶段的孩子，会特别在意事物有没有符合他（她）的审美要求，是不是完好的，有没有缺陷。一旦发现不符合他（她）的完美需要，就会大哭大闹，想让事物恢复成自己想要的模样。

听了我的解释，外婆恍然大悟，想起欣宝最近有许多类似的表现：一张纸折出了痕迹，欣宝就哭着不肯要了；画纸上不小心沾了别的颜色，她就烦躁不安……原来这都是因为孩子开始追求完美了。

2岁左右，孩子已开始形成自我意识。他们希望自己能控制自己的生活，所以第一反抗期和追求完美的敏感期总是接踵而来。如果没有理解孩子烦躁背后的原因，而错误地认为这是孩子的坏习惯，试图去纠正过来，就会导致孩子哭闹不已。

儿童完美敏感期是孩子成长的一个阶段，家长如果做到心中有数，在面对孩子的"无理取闹"时，就会更加从容，知道该怎样处理了。

3. 是坏脾气吗?

外公说:"欣欣这脾气,你要好好想办法帮她改一下啊。"

此时1岁多的欣宝正急得将头在椅子背上蹭来蹭去,两只小脚一顿乱蹬,满脸都是泪水,整个房间都是她"哇哇"的哭声。其实只是很简单的一件事,她突然想喝汤,可是汤太烫,我们不能给她喝,于是她就急坏了。

说实话,这样的场景在我们家常常上演。比如睡前那餐奶,保姆陈姨还没冲好,她就已经急得大哭起来。外公看在眼里,急在心里,常常说:"欣欣脾气怎么这么差啊。"

我告诉外公，这是非常正常的现象。1岁多的孩子只有"现在时"，他们不懂得等待，只知道应该得到。所以欣宝想要什么就要立刻得到，还没学会等待，如果没有第一时间得到就会特别烦躁，甚至哭闹。等孩子的心智成熟了，慢慢学会等待，那至少也要到3岁以后，有了基本的控制能力。

> 人类大脑的发育分为三个阶段[①]：
>
> 第一阶段发育的是主管本能的脑干；第二阶段发育的是主管情绪、记忆以及协调各种外界刺激的边缘系统，大约在5岁趋向成熟；第三阶段发育的是主管智慧、理智、道德的皮层，大约在12岁趋向成熟。儿童的额叶尚未发育成熟，既缺乏纠错的能力，又缺乏控制情绪的能力，所以最容易发脾气。

由于大部分家长不了解这个发展规律，对孩子的哭闹往往觉得烦躁头大，想用压制的方式让孩子停下来，可是孩子们反而会哭得更凶，场面经常会变得失控。在这个时候，面对孩子的"坏脾气"，我们首先要做的是倾听和陪伴。

我轻轻地搂着欣宝，温和地告诉她："汤很烫，现在不能喝，要凉了才能喝。"欣宝仿佛没听见，还在哭。我反复强调"烫"这个词。

欣宝慢慢地停下哭泣，带着一脸的泪水说："烫！"她曾经不小心被热水烫过一次，我想她一定是想起来了。

"是的，烫。"我表示同意。

[①] 张春兴.现代心理学[M].上海：上海人民出版社，1994.

欣宝点着头，要求坐回椅子上。她拿着勺子吃了两口饭，又说："烫。"

等汤凉了，我把汤递过去，她拿勺子舀了一勺，送到嘴边使劲吹了几下，自言自语地说："不烫了。"然后才放心地喝了下去。

类似的情况还有穿珠。最近欣宝对穿珠很感兴趣，她在幼儿园玩，回家也要玩。欣宝一遍遍地将各种形状的小积木、小珠子穿起来，然后撸掉，再穿。在这个过程中，她也常常因为穿不好而烦躁生气。我们理解她是因为想做好而发脾气，便能平静地陪在她身边，不做过多的帮助或干预。欣宝慢慢地从烦躁中缓和过来，自己想办法换个方式，多试几次就能达到目标了。

4. 她为什么哭？

这天，我下班一回家就躺在沙发上睡着了。迷糊中总听到快3岁的欣在哭，醒来听了个大概。

原来外婆在给欣讲故事，外公在一旁学电脑。隔一会儿，外公就会叫外婆过去指点一番。外婆应声而去，欣就开始大哭。一个故事没讲完，外婆已经被叫去了四五次，欣因此哭个不停。

我忍不住了，说："外公，你等外婆给欣讲完故事再喊她吧。"

后来休息聊天时，我给外公、外婆分析了欣刚才哭个没完的原因。我说：

"外公频繁喊外婆帮忙是在反复打断欣听故事的完整性,这对孩子来说是一种打扰,破坏了欣的专注力。小小的她特别难受,却无法表达出来,所以只能用哭来抗议了。

外婆去给外公帮忙时,需要给欣一个交待,比如说告诉她:'外婆现在去帮外公看一下,欣欣你等会儿。'假如外婆是和一个成人在聊天,中间要走开一下,肯定会和对方打个招呼吧。这是人与人之间起码的尊重。欣虽然是个孩子,但她也需要尊重,需要了解发生了什么事情。外婆突然离去,她不知发生了什么,肯定会哭的。"

当孩子们哭闹得让人心烦时,我们不必急着呵斥责怪,因为孩子每一个让人抓狂的行为背后,都有一个未完成的需要。当我们找到了孩子哭闹行为背后的原因,理解了他们的需求,并给予他们相应的支持,孩子那些让人抓狂的行为自然就会停下来,甚至还会主动与成人合作呢。

在欣3岁的时候,有一次她玩假装泡茶的游戏。她假装用纸杯泡好茶,一会儿递给外婆,一会儿递给我,玩得不亦乐乎。这时欣爸从房间里出来,拦住她要抱她。欣大喊:"不要,不要!"欣爸还想亲她,欣急得又是跺脚又是大叫:"爸爸走开,爸爸走开!"眼泪哗地一下掉了下来。欣爸吓得赶紧松手,委屈地对欣说:"欣欣你不要爸爸啦!"说完又转头对我说:"哎,咱们女儿脾气怎么这样啊!"

我告诉欣爸:"欣这样着急是有原因的,她可不是无理取闹。她刚才正在认真工作呢,干得可开心啦。你这样打扰她,她当然不干啦。你平日在做事时,不也最恨别人打扰?"

欣爸不再出声,站在一边观看。

欣被我领回茶几旁,继续刚才的工作。她抬起头冲我高兴地笑起来,脸上还挂着泪水。只见她又拿出一个杯子,转身跑到欣爸身边,递过去说:"爸爸喝茶!"欣爸接过杯子,连连答应着。欣宝把所有的杯子拿出来重新套好,放回原处,这才高兴地转过身跑到爸爸身边,伸出手要抱,把欣爸乐得嘴都合不拢了。

欣爸抱着欣对着我连连点头:"哎,原来欣生气哭闹是因为我打扰了她啊!刚才真是冤枉我家闺女啦!"

5. 顺应发展中的"自己来"

欣最近最爱说的话是:"我自己来!"

"洗澡了!"陈姨边放洗澡水边喊着。2岁的欣麻利地把辫子解开,把外裤脱下来。这会儿她正在摆弄着外衣的拉链,想自己拉开呢。她弄了很久弄不开,急得哇哇大叫。陈姨过去想帮她拉开,她却不愿意。陈姨看得直皱眉,叹着气说:"唉,欣宝怎么这样啊。"

我微笑着制止了陈姨,让她等等。果然,欣又折腾了好一会儿,实在拉不开拉链,只好求助:"妈妈拉!"我帮她拉开拉链后,正准备帮她脱外衣,被她严辞拒绝:"我自己脱,你走开!"

我赶紧躲得远远的,看着小人儿三下五除二把外衣脱掉了。

洗完澡后,卫生间里响着欣的大叫声:"我要自己穿!"

欣坚决不准我和陈姨搭手,自己硬生生地把小短裤、睡裤穿上了,又想扣上睡衣的扣子。欣扣扣子的架势很足,方法也是对的,就是小手儿一时没法扣进去。她只好放弃了,认真地看着我一个个地扣,嘴里还轻轻地念着什么,似乎在背着口诀一样。

对于欣自己弄不好又不让人帮助,还总是发脾气,陈姨表示看不懂。我告诉她,这可不是欣无理取闹,这是欣的自我意识出现了。她想自己完成想做的事情,不愿意让别人帮助。这个时候,我们要尽可能地放手让她尝试,这可是锻炼她独立自主能力的最好时机。

有时我回家晚了,一边上楼,一边喊"欣宝",远远地就听到欣在房间里喊:"妈妈回来了!"门开了,我看到欣站在沙发的扶手上,一手扶着墙,一手拉着门锁帮我开门。自己开门,自己关门,自己穿衣服……欣恨不得所有事情都自己做。

> 著名心理学家埃里克森指出,到了儿童早期(1.5～3岁),这个阶段的发展任务就是获得自主感而克服羞怯和疑虑感,体验自我意志的实现。这个时候儿童开始体会到要满足自己的需要,不能只依靠他人的帮助,还可以靠自己的能力和自己的活动。于是他们开始以种种方式体验自己的意志。这个阶段儿童的信念是:"我就是我所能自由意欲的。"

所以这个时候,当孩子表现出强烈的独立意识,我们正好可以顺势而为,让他们充分体验,获得成就感,培养独立能力。

6. 孩子不肯去幼儿园怎么办？

早上8点多，欣爸打来电话，说5岁的欣不肯去幼儿园了。要知道平时这个时间，欣已经坐在教室里吃早饭了。

我让欣接电话。欣开口就问："妈妈，爸爸为什么不上班呀？"

我灵光一闪，想起昨天晚上睡前欣反复问的事："爸爸不上班，妈妈也休息，我什么时候也可以放假？"估计小家伙看到刚转业回来的爸爸天天待在家里，羡慕得不行。

我说："爸爸也上班呀，他以前不是天天上班吗？要到过年才能回来。"

"可是爸爸现在没有上班呀！"电话里欣的声音听起来很不满。

"那是因为爸爸放假了呀。就像你过年的时候天天在家，你那时也在放假呀。"

"可是妈妈，你为什么也不上班啊？你昨天没上班！"

"昨天是周末，是妈妈的休息时间，当然不用上班。你昨天也休息，不用上学呢。"

"哎呀，妈妈，我也要休息，我不想上学。"

"欣，你是不是看到爸爸在家休息，不用上班，你很羡慕他，所以你也想休息，不想上学了？"（我先回应她的感受：羡慕，找到行为背后的需要：想和爸爸一样休息。）

"是的。"欣肯定地回答。

"其实爸爸休完假也得上班的，就像妈妈昨天休息了，今天就要上班一样。他过一阵就要上班了，你休息完也得上学。"

"哎呀，妈妈我还是不想上学。"

"可是你不去幼儿园，家里没有人陪你玩啊。等下爸爸要去做事，妈妈已经在上班了，你不能一个人在家吧。"

"那我让爸爸带我去做事吧。"欣自己想了一个办法。

"那可不行，欣啊，上班做事是大人的事，上学是小朋友的事，你看到哪个大人到你们幼儿园去上学呢？"

"哦。"

"欣快去幼儿园吧，你一个人在家有什么意思，又没有人和你一起玩，也看不到老师啦。"

"好吧，那我去上学吧。那我周末是不是可以休息呀？"

"那当然。"（通过讨论，欣自己找到满足需要的办法：周末可以休息。）

欣得到如此肯定的答案，马上痛快地和爸爸出门去幼儿园了。

当孩子出现了家长担心的事，不要着急去责怪孩子。静下心来先接纳孩子的感受，孩子就会慢慢说出他们行为背后的需要。找到了这个需要，咱们就能找到应对的方向啦！

7 躲着吃方便面

一天，我生病在家躺着，四年级的欣同学放学回来了。我听到开门声，就从房间走到客厅。推开大门想进来的欣猛然看到我，大叫一声："啊，妈妈……"然后"砰"的一声就把门关了，自己退了出去。

欣同学这是唱的哪一出啊？我走过去想打开门，没想到欣居然从外面顶住门，死活不让我开门。我一边推门，一边笑着喊："欣啊，你这是干什么呀，是不是有什么事啊？"我听见有东西掉在地上，我从猫眼里往外一看，原来是一包方便面！

我说："欣啊，你开门吧，我看到方便面了。"欣一听就不顶门了，开门后她低着头背着书包就往房间跑，关上门写作业了。

我想起一件往事。

我小时候，有一次买了根冰棒吃。我远远地看到哥哥走过来，就赶紧把冰棒藏在身后悄悄扔掉。等到哥哥走过来的时候，我故意说："啊，这是谁掉的冰棒啊？"没想到哥哥说："你以为我没看见是你扔的呀！"

我把这件事告诉欣，欣同学笑得倒在床上直打滚。笑够了，欣问："你干吗要说那句话呀？"我说："我希望他以为是别人扔的，结果他早就看到了。我当时是小朋友嘛，傻呗！"欣听了又哈哈大笑。

仔细想想，欣之所以要躲着吃方便面，主要是她一时抵挡不住美味的诱惑。我经常念叨着方便面是垃圾食品，有时候看她吃得太频繁，我还会忍不住出手制止她，不让她吃。所以，越控制反而越强化她的行为，她不但更想吃，而且还发展成躲着吃了。

如同当年的我，知道吃冰棒是家人不喜欢的行为，可是控制不住就是想吃。被发现了又害怕被家人责骂，为了逃避这个后果，我反而做出了更多失控的行为。当年的我，特别希望哥哥不要骂我。所以这一次，我也没有特别批评指责欣，其实她的反应本身就说明她知道什么是合适的行为。我用自己的故事告诉欣，吃方便面不是什么大不了的事情，不用为了逃避后果而做出失控的行为。

从那天起，我对欣吃方便面的事不再过多地关注。后来不知道从什么时候起，欣就不再那么痴迷方便面了，一年到头不吃也没有什么念想。当家长放轻松了，孩子便不再继续纠缠在未完成的事情中。

第三招

温和而坚定赢得合作

温和而不讨好的态度

坚定而不强制的行为

1. 如何让孩子养成良好的吃饭习惯

欣早在一岁多就学会自己吃饭了，发挥稳定的话，差不多可以和我们一起结束吃饭。发挥不稳定的情况居多，经常是上半场自己吃，下半场要人喂。最差的情况就是吃了几分钟就满屋子乱跑，陈姨追着喂。和陈姨说过许多次了，不要追着喂饭，可她怕欣饿着了，怎么也做不到。

一天，我正好休息，有机会陪欣吃晚饭。

欣自己吃了几口饭就大喊着"吃完了"，要下桌去玩，还要我陪她玩。我告诉她饭还没吃完呢，要吃完饭才能去玩。欣不干了，喊着:"妈妈来,妈妈拿碗来!"她要我端着碗喂她,陪她一起玩。我摇头,告诉她不行。欣再喊几声,看到我没动,大声哭了起来。

看到欣的泪水我有些不忍心,很想马上答应她。可是我知道,此时的她更需要规则的设定。这个规则不能根据我的情绪来设定,不能时而妥协,时而强硬,这种摇摆不定反而会让孩子混乱,她不明白为什么上次可以,这次不可以,更不知道下次是否可以。

而且,孩子如果通过哭闹达到目的,她很快就学会利用哭闹来实现自己的要求。在拉锯纠缠的过程中,作为家长的我们如果时而心软,时而发火责骂,孩子就会陷入困惑,从而激起他们更强烈的哭闹……这样陷入恶性循环中,吃饭的规则就完全没法建立了。

我忍住内心想要妥协的冲动,温和地告诉她吃饭要在桌子前。欣不管不顾地嚎啕大哭,我把她抱在怀里轻轻地拍着背,继续温和而坚定地告诉她:"吃完才能下去玩。"

欣的哭声慢慢小了,她哼唧着,想停下来又有些不甘心。过了一会儿,她看我依然平静地坐在那儿,用手去抹眼泪,哭声停止了。

我赶紧帮她擦干眼泪,说:"咱们吃完饭去看爸爸拍的照片吧。"

"好!"回答这句话时,欣一边拿过勺子自己吃,一边还张着嘴要我喂。很快,饭吃得干干净净,她还捧着碗喝了一大碗汤。

这是一次成功的经历,相信欣的好习惯会慢慢养成,这需要我们家长的耐心和智慧。最重要的是,我们要战胜自己的心软和冲动。在应该坚持原则的时候,家长要做到态度上平静温和,行动上坚定不移。

2. 温和有力地对孩子说"不"

每天下班后我都要陪欣在院子里玩。有一天，我们过马路时，2岁的欣走到马路正中间去了。我很奇怪，想把她拉回来，她就是不配合，还叫起来："我要走线！我要走线！"

我这才明白过来，欣宝是想沿着马路正中间的黄线走，像平时在早教中心上课那样。

我告诉她："马路中间很危险，我们不能走黄线，我们去走马路边上的白线吧。"欣不肯，扭着身子继续走。正巧来了辆汽车，我赶紧抱着她来到马路边，嘴里说着："汽车来了，我们给汽车让路。"

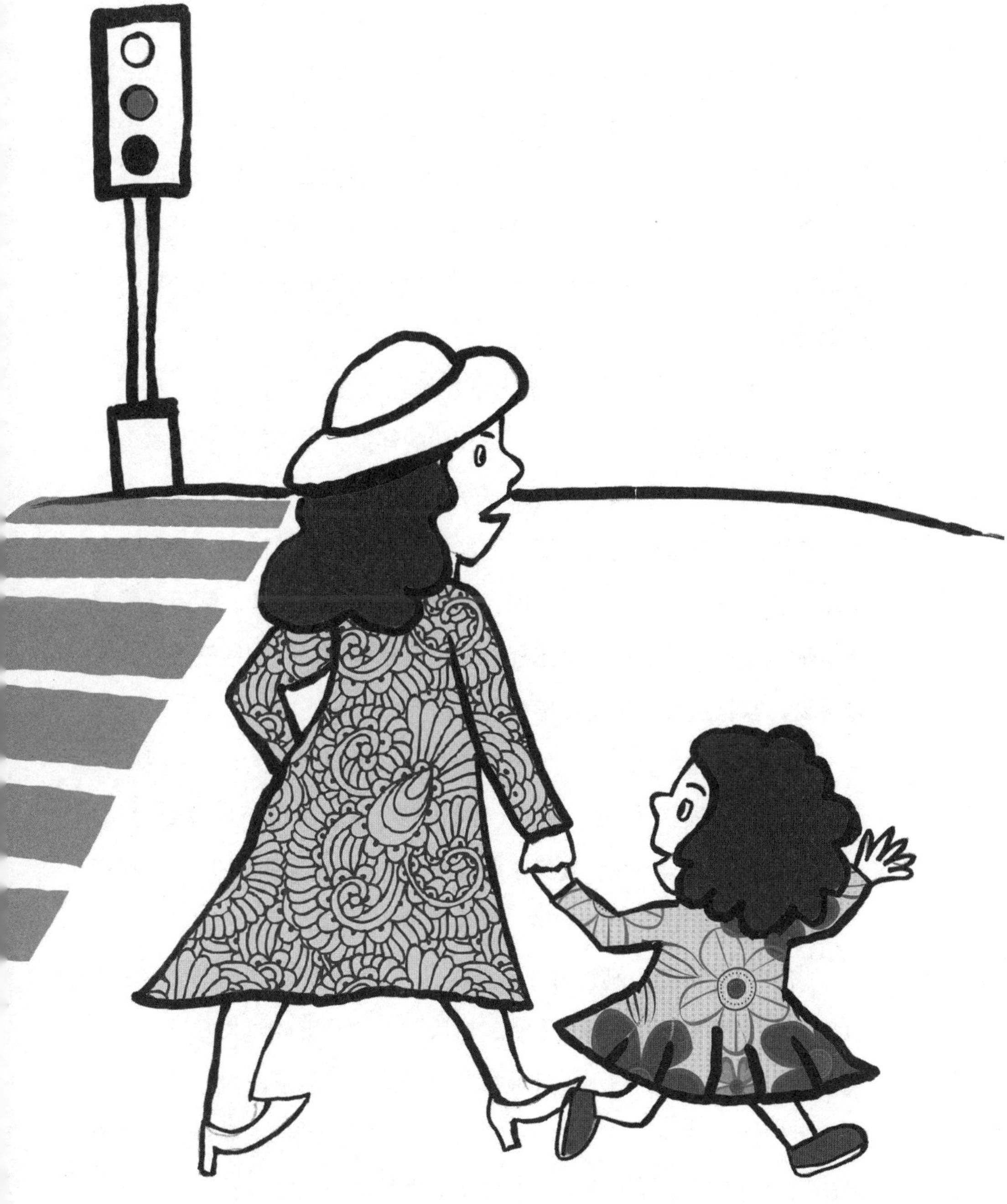

然后把她放在斑马线上，建议她："我们走白线吧。"

欣宝又一次尝试往马路中间冲，我一边拦住她，一边说："不可以。我们不可以走黄线，太危险了，汽车会撞到我们。我们走白线。"

僵持了几分钟，欣宝气得哭起来。哭了一会儿，欣宝看我没有丝毫松口的意思，哭声变成了小哼哼，最后满脸泪水在我的怀里不甘心地蹭着。

看她哭得差不多了，我拿出纸让她擦眼泪，然后说："我们走白线吧。"欣宝把我轻轻一推，离开我的怀抱，专心走起白线来。

这样的情景，在我与欣宝的日常生活中随处可见。我的原则是，对自己和别人有危险的事，坚决不能做。在安全的范围内，则尽量给她最大的自由。而在说"不"时，态度应当坚决而温和。我不会责骂或怒吼，也不会看到眼泪就退让。越小开始学习规则，孩子接受起来越容易，家长执行起来也会感到轻松。

有一天吃过晚饭，欣宝无意中翻出了一块饼干，大口吃起来。我说："欣欣吃完这一块就不吃了，好不好？"欣宝满嘴都是饼干，只是用鼻腔"嗯"了一声。我反复说了好几遍，她每次都重重点头："嗯嗯！"

吃完饼干，欣又翻出一块，要我帮她撕开包装。

我说："咱们刚刚说好了，吃完那一块就不吃了。"欣不甘心地自己拿起来乱咬。我制止了她，然后说："欣宝放回去好吗？"欣宝点点头，说："我刚刚吃过啦！"然后把饼干放了回去。

我知道，这对一个 2 岁的孩子来说，真是太不容易了。这主要得益于我们平时良好的亲子关系以及规则的学习。

3. 吼叫管用吗?

一天,我在客厅陪欣玩游戏,我实在太累了,居然一不小心就在沙发上睡着了。耳边迷迷糊糊传来欣的声音:"大懒虫!快起来!"

我实在睁不开眼,"嗯嗯"地答应着。突然,我觉得头上一痛。我努力睁开眼,原来是欣的小手"啪"的一声,打在我的头上。

欣爸喊道:"欣欣,不要打妈妈!"欣咯咯地笑,又打了过来。

"欣欣!不要打妈妈!!"欣爸的声音大起来。

我突然清醒了,赶紧对欣爸说:"你不要这么大声叫,直接制止就行了。"说完,我一伸手,捉住了就要落到我头上的小手。欣举起另外一只手打过来，又被我捉住。

欣不干了，大叫着："妈妈别抓我，你放开！"

"你还打妈妈不？"我平静地问她。

"我还要打。"欣不服气地回答。

"那我不松手，你打我我就不松手。"我继续抓着她的手没有松。

欣急了，带着哭腔说："你别抓我，你别抓我！"

"你还打妈妈不？"我认真地看着她的眼睛说。

"我不打了。"欣勉强地回答。我松开手。欣举起手做出要打的样子，我也举起手做出要抓的样子。欣停顿了几秒钟，咯咯地笑起来。她把手往身后一放，我也学着她把手往身后一放。她猛地举起手，我也猛地举起手……欣玩得开心极了，她早已忘记要打我的事啦。

后来，欣又有过几次想打我或欣爸的举动，都被我们用这种坚决制止又巧妙灵活的方式化解了，以后欣再也没有出现类似打人的行为了。

当家长对孩子吼叫或打骂时，孩子所有的注意力都集中在害怕的情绪中，他们没有办法理解自己为什么不能做这件事情。所以，与其大叫一百遍，不如直接用行动制止，并让孩子理解规则。动作要坚决有力，态度要温和坚定。

需要注意的是，在理解规则、遵守规则时，孩子一定会有反复，因为他们的认知和能力是在反复探索中成长的。我们应当陪伴孩子建构遵守规则的能力，直到他们的不当行为慢慢消失。

4. 一颗糖的"考验"

3岁的欣在外婆家发现一袋巧克力糖,乐坏了。陈姨说:"欣今天只能吃一颗糖啊!"

"好的!我只吃一颗!"欣高兴地答应着,笑眯眯地把糖含在嘴里。好东西就是消失得快呀,一会儿,糖就吃完了。欣又拿起一颗糖,剥开。

我在一旁提醒:"欣,说好了只吃一颗的。"

"不是的!我给你吃的!"欣赶紧说。

说着,她把糖放进了我的嘴里。欣又剥了一颗,跑到爸爸面前,要给爸爸吃。

欣爸笑着问:"给爸爸吃啊?欣欣自己吃不?"

欣一犹豫,就想把糖放进自己嘴里。我赶紧说:"欣,你只能吃一颗。"

这时的欣已经听不进去了,伸出舌头就舔。我轻轻抓住她的手,不让她吃那颗糖。欣急了,挣脱我的手往别的房间跑,一边跑,一边说:"我躲起来吃,我躲起来吃!"

我立马追上去,一只手拦住她,一只手握住她拿糖的手,柔声道:"可以吃就吃,不可以吃的躲着也不能吃,知道吗?"欣看着我,不说话。

欣趁我不注意,手一使劲,就把糖送到嘴边了。我飞快地拦住,欣急坏了,跺着脚带着哭腔喊:"你不要抢我的,你不要抢我的……"

我柔声问道:"你想吃这颗糖,是吗?"

"是!"欣用力点头。

看着她的神情,我一时有些心软了。我想了想,还是坚定地说:"我们说好只吃一颗的,这颗你不能吃了。"

欣的眼泪"哗"地掉了下来。她挣扎了好一会儿,突然一用力,把糖塞进了我的嘴里。我愣住了,一下子没有反应过来。

"我不吃,给妈妈吃!"欣大声说。

我笑着亲了她一下,大声说:"谢谢欣欣!"欣带着泪花儿看看我,小嘴一动一动的,好像自己在吃一样。

后来外公说:"真后悔当时没有拍下录像呀,这可是最生动的教材。"

建立规则，最重要的是持之以恒，不能凭成人的喜好。如果总是此一时彼一时，孩子在遵守规则的过程中，将会备受煎熬。

在这次吃糖的冲突中，我能明显感觉到欣的接受过程。我相信，在以后的日子里，她会越来越容易接受规则，直至把这些规则轻松内化为自己的行为准则。

后来我问欣爸："你干吗不接过来自己吃，非要问她吃不吃？"

欣爸说："我想考验一下她。"

我对欣爸说："你这是考验吗？你这叫诱惑。这种诱惑对欣是一种伤害。欣现在正在学习规则，你却主动去破坏规则，令她混乱，白白增添了她的痛苦。"

"我再也不搞这种考验啦！"欣爸诚心检讨。

5. 能再多玩一会儿吗？

这天欣爸发了好大一通火，以欣同学哇哇大哭收场。

起因是件很小的事：放学回来后，按照平时的习惯，欣痛快地玩了10分钟手机游戏。时间到了，欣同学却不肯停。面对这种情况，欣爸开始好言好语地劝说："那好吧，你再多玩2分钟。"2分钟后欣还是不肯停，说还要再玩5分钟。5分钟后欣依然不肯停下。

欣爸先出一招"利诱"："停下来就给你吃一颗巧克力。"没想到欣不受诱惑，仍埋头打游戏。

欣爸又出一招"威胁"："你再玩，明天就不准玩了！"结果欣头也不抬地回一句:"那我再玩一会儿,明天就不玩了!"

连出几招均遭失败,欣爸终于火山爆发,皱着眉头怒吼起来。欣同学又气又怕,哭哭啼啼地关掉了手机。

事后我和欣爸分析:

"你自以为好态度地一步步退让,忍无可忍了就会爆发。而对欣来说,你的退让令她觉得底线还没到,还可以试试再拖一拖……你退让了,结果是两败俱伤啊。

"规则定下来,是用来执行的。一方破坏了,另一方如果坚持,虽然过程有曲折,却也能遵守。她破坏了规则在拖延,你破坏了规则在退让,这是你们两人共同破坏规则。于是欣学到的是:规则是用来试探到发火才不得不执行的。所以下一次,她依然会拖到你发火才执行。"

欣爸听了若有所思。

晚上吃饭时,聊到刚才的事,欣同学不好意思地承认自己不应该拖延。问她下次怎么办,她说:"下次我听话!"

我正色道:"欣,这个听话可不是听别人的话,而是听自己的话!"

欣很惊讶,瞪着大眼睛看着我。

"欣,这些规定都是我们事先约定好的,我们要说话算数,你自己说的话自己要做到。如果你有不同意见,可以提出来讨论,说出你的理由。而我们也可以对你的理由表示同意或反对,说出自己的理由。最终大家讨论好了一致通过了,咱们就得遵守这个约定。"

听我这么说，欣高兴地提出了自己的方案：希望每天放学能多玩10分钟手机游戏。我们三个人就这个方案进行了探讨，最后达成一致：周末的时候如果欣能提前完成功课，可以在周末多玩20分钟。如果到点不能及时停下，就会扣除相应的时间。

我们把这个约定形成文字，三人都签上名字，表示共同遵守。

第二天，只要我们一提醒，欣果然就爽快地停了下来。到了周末，她把时间安排得非常好，也高兴地多玩了20分钟。她参与了规则的制定，并真正认同了规则，便能够自觉遵守规则。

第四招

延迟满足与自控力

不贪图暂时的安逸

重新设置人生快乐与痛苦的次序

1 摇摇车，明天见！

"拜拜！摇摇车，明天我再来坐，你不要下班啊！"坐完两次摇摇车，1岁多的欣依依不舍地跟摇摇车告别，约定明天再来玩。

旁边有位奶奶惊讶地问："你家小朋友怎么这么听话啊？"我回答说："她知道明天还能来坐这个摇摇车的，她已经有等待的意识啦。"这位奶奶不知道的是，欣能有今天这样的表现，是我们一直以来有意识地帮欣建立时间概念，让她学会等待的结果。

斯科特·派克在《少有人走的路》[1]一书曾说道："延迟满足，

---

① 派克.少有人走的路[M].于海生，译.长春：吉林文史出版社，2006.

> 意味着不贪图暂时的安逸,重新设置人生快乐与痛苦的次序。首先,面对问题并感受痛苦;然后,解决问题并享受更大快乐。这是唯一可行的生活方式。"

平时我们会有意识地对欣进行等待的练习。比如在欣着急想听故事的时候,如果我的工作没有做完,我会告诉她:"等一下,妈妈等下就来。"刚开始她不乐意,大叫大嚷甚至大哭,我反复告诉她需要等待,直到手上的事情结束才赶到她的身边。

刚开始这个等待的时间不会太长,我会让她看到我的身影,让她不至于感到恐慌。在有过几次类似的经历后,欣发现当我说"等一下"后,我真的会很快出现,于是她对我说的"等一下"就能接受了。

一开始,我让欣等待的时间很短,数十秒,一分钟,几分钟……随着欣一天天长大,她能够接受的等待时间越来越长。有时候,我会有意识地拖延时间干点别的事,但是嘴里会告诉她,妈妈等会儿就来。已经急得开始跺脚的欣就会停下来,看着我走进旁边的房间,又出来。她还会跟着说:"妈妈等会儿就来。"

我们从来不会把答应"等会儿"的事拖得太久,更不会无故取消。例如坐摇摇车,欣每次坐完以后,我都告诉她明天再来,并且说到做到。欣发现每次我都能遵守约定,第二天一定会带她坐,她对等待的结果有了信任感。在我说"请等一下"的时候,她更能安静地等待了。

这里我要提醒大家,教导孩子学会等待至少应该等到1岁以后,在这之前需要先让孩子与父母之间建立起安全感。

2. 我能玩你的滑板车吗？

周五的一天，我带欣在院子里玩，欣和小林两个人为争夺滑板车闹了起来。那滑板车是小林的，欣宝很喜欢玩，玩了还要玩，不肯还给小林，两个小朋友争起来。

小林速度快，一下就站上滑板车，准备滑走。欣只能站在一旁放声大哭："我的我的，我要我要。"小林的保姆阿姨对小林说："你是姐姐，你让一下妹妹吧。"我赶紧拦住保姆阿姨，让她不要对小林做劝说工作。这个滑板车是小林的，欣要得到小林的同意才可以玩。并不能因为小林比欣大，就得让出来。我们要尊重物品的所有权，物品的主人有权自己处理。我蹲下来抱着欣宝，告诉她滑板车是小林的。看她哭得更厉害了，我就不再说话，只是抱着她，让她继续哭。

欣的哭声渐渐小下来，我带着欣和小林沟通。

欣抽抽搭搭地喊了一声"小林姐姐"，然后跟着我说："小林姐姐，借我玩一下滑板车好不好？"

小林摇摇头说："不好！"

我赶紧对欣说："小林姐姐现在不同意，我们等一下再试试吧！"此时已经有些清醒的欣宝点了点头。

我又转过头对小林说："小林，你玩好了再给欣欣妹妹玩，好不好？"小林点头说好。

过了一会儿，我问小林玩好了没有，她点头说："玩好了。"我说："那你愿不愿意给欣欣妹妹玩一会儿？"她说愿意，并且从滑板车上下来了。我这才对欣说："小林姐姐同意了，你去玩吧。"欣宝立刻破啼为笑，高兴地玩了起来。

欣之所以能够接受规则，等小林玩好了再玩，这缘于我们平时有意识地培养她的自控力。在与小朋友的交往中，我们总是告诉她要轮流玩。如果想玩别人的玩具，要先提出请求，并且等人家同意。经常在这样的情境中讲明原则，规范孩子的行为，就能帮助她培养自控力。

欣毕竟只有2岁，不可能完全做到，所以着急得哭是非常正常的。在她大哭时，她没有理智去思考，所以我抱着她让她哭完，这就是在倾听她的感受。等她发泄完情绪以后，我再慢慢引导她向小林提出请求，等待主人的同意，并且遵守游戏的规则。这样做也尊重了小林对自己物品的决定权。

相信通过这件事，两个小朋友都在交往中有所收获。小林练习了正确地说"不"，维护了自己的权益。欣宝则练习了自控力，学会了等待。

关于延迟满足和自控力的培养，我觉得不用等到三四岁以后再开始。其实完全可以让孩子在社交和游戏中学习。

越早在生活的细节中抓住机会培养孩子的自控力，孩子越容易内化，执行起来越自然。孩子不痛苦，大人也轻松。

3. 要娃哈哈还是要酸奶？

和往常一样，欣又在院子里的小超市里开始了她的巡视。通常情况下，她把所有的东西看一遍摸一遍，然后回到门口，拿一盒酸奶自己付钱，吃完了才回家。

今天，欣突然强烈要求买娃哈哈 AD 奶，这可是她从来没吃过的。保姆陈姨说："今天和小朋友玩时，欣看见别人吃的这个。"我帮她拿了一排，蹲下来问她："你想喝娃哈哈，还是酸奶？"

"娃哈哈！"

"那你买了娃哈哈，就不能喝酸奶了。"

"好！"

"你肯定要买娃哈哈？"

"肯定！"

"那你不吃酸奶了？"

"不吃！"

看欣如此坚决，我当然掏钱。欣高兴地付了钱，笑眯眯地大口喝了起来。没喝几口，她就把AD奶往我手上一放，不要了！我问她："你还喝吗？"

"不喝了！"她来到酸奶旁，指着酸奶说，"我要喝酸奶，我要益生菌酸奶。"

"欣，你刚才买了娃哈哈，现在不能买酸奶了。"我告诉她。

"我要喝酸奶！我要喝酸奶！我好久没有喝酸奶了！"

呵，明明昨天才喝过酸奶！当然我不会揭穿她的这个理由。我说："你刚才答应了不买酸奶的。"

"我要酸奶，我要酸奶！"欣急得声音越来越大，眼泪要出来了。她的举动引来旁人的侧目。

"你刚才买娃哈哈的时候，妈妈是不是告诉你不能买酸奶了？"

"我要酸奶，我要酸奶。"欣轻声说着，两只手在成堆的酸奶上摸来摸去。

"妈妈今天的钱已经买了娃哈哈，没法买酸奶了。"

欣不说话了，两只手摸啊摸，从这头摸到那头，拿起这个放下那个。她举起一杯酸奶说："这是益生菌的酸奶吧。"

"是的,这是益生菌的酸奶。"我微笑着回答她。我试着跟她共情。"欣,你看起来很想吃这个酸奶。我们今天已经买了娃哈哈了,那明天再来买酸奶吧?"我顺势提出了解决办法。

欣不回答,把酸奶抱在怀里,又摸着其他的酸奶。不知摸了多久,欣自己把怀里的酸奶放了下去,又转身回到货架那边再次巡视。在这个过程中我没有催促她,也没有说话,只是静静地看着她。欣终于想回家了。路过酸奶区,她自言自语:"明天我要吃酸奶。"然后头也不回地出了门。

当我看到欣想破坏规则,甚至还用上了哭闹时,并没有感到生气,也没有强迫她立即听话。因为我知道,要学会自我控制需要一个长期的过程,在这个过程中孩子一定会出现反复。孩子在这些反复中练习克制自己的欲望,放弃眼前的诱惑。在一次次战胜自己后,他们不仅获得了更多的信心,更锻炼了自控力和自我管理的能力。

说实话,看着这个不到3岁的孩子如此煎熬地选择,我很是心痛。当她安静地走出超市大门时,我的心中充满了感动。

我再次回想起以前的感受:越早在生活中抓住机会培养孩子的自控力,孩子越容易内化,执行起来越自然。孩子不痛苦,大人也轻松。现在欣的表现越来越验证了我这个想法。欣没有大哭大闹,是因为她已经有了自己内在的尺度。她能够坦然地离去,是因为她对未来将会发生的事情有把握……我对欣之后的成长之路充满了信心。

4. 自由与自律

一位朋友说,她的女儿比欣大两个月,特别爱看电视,每次看的时候眼睛都舍不得眨,直看得眼睛通红,眼泪直流。我问她是怎么回事。她说外婆觉得小姑娘太喜欢看电视了,所以总是想方设法限制她看。她女儿只要有机会看电视,就使劲地看,眼都不眨。朋友对此很头痛。

我不由得想起了和欣过招看电视的情景。

欣自从第一次看动画片《天线宝宝》,就着了迷,天天要看。但是无论怎么喜欢,到了吃饭时间或我们要关电视了,她都能轻松地离开。为什么呢？这就与我们平时的养育有关了，我们在随机应变中使用了充分满足、回应感受、找到需要、延迟满足、温和坚定等招数的组合。

1岁多的欣第一次看动画片《天线宝宝》时兴奋极了，跟着叫啊笑啊，一直看个没完。我理解她的新鲜好奇，便没有打扰她，让她看个够。之后欣每天都要看。在我们的引导下，我们约定了每天看动画片的固定时间。欣也理解了一集的时间概念，也感受到了眼睛看累后的难受，她每天看的时间越来越短。

到了3岁时，有一阵子欣又喜欢上了看电视。我们本来约定好每天看十分钟或是看两集动画片，刚开始进行得并不顺利，欣会用哭闹来试探我们的底线。这个时候我们一般采取的是温和坚定，任你哭和闹，我也不生气，我也不同意。欣慢慢就习惯了，到了时间或看完了，自己就会主动关掉电视。在这个过程中，欣越做越轻松自然。

如果偶尔还剩一点儿没看完，我们也会主动多给几分钟时间让她看完。刚开始外公还担心让欣多看几分钟，会不会又引发新的一轮纠缠。没想到，结束歌曲一唱完，欣就跑过去把电视"啪"地一下关掉了。

我和朋友分享我的心得：

建立规则主要是为了让孩子养成良好的生活习惯和行为习惯，让他们在合适的时间做合适的事。有时合情合理地满足孩子的需要，让他在一定范围内做主，也可以练习他们控制自己的欲望的能力。当然这个弹性的使用可不是因心情来定，而要根据实际情况来定，比如只差一点儿就可以看完一集完整动画片，听完一个完整的故事，等等。

假如孩子误以为讨价还价可以多看一会儿，咱们也不用生气发脾气，或者责怪他们。家长应当理解他们有这样的想法是正常的，出现反复也是正常的。再多来几次这样的过招，孩子就能把规则内化，形成良性循环。

5. 自制是这样炼成的

这天我下班回家的时候，一年级的欣同学还在看电视，一旁爸爸和姑姑在喊："欣，你妈回来了，说好了吃饭就关电视的啊。""不嘛，我还要看……"结果欣爸一生气把电视关了，欣同学像被人踩着尾巴一样，嚎哭起来。

我眼瞅着欣爸眉头越皱越紧，快要爆发了，赶紧出声："欣你现在很烦躁吧！妈妈知道你很想继续看电视，不过我们约定的时间到了，你现在就得关电视。"欣继续哇哇哭着，我告诉她："如果你现在还想哭一会儿，可以到自己房间去哭。"欣边哭边起身，狠狠地把门一摔，把哭声关到了门里。

等我们吃完饭，仔细听听，那边哭声早就停了。我敲门望去，欣同学正在写作业。我轻搂了她一下，说道："欣你真爱学习呀，先去吃饭嘛。"欣闻言抬头一笑，答道："我要做完再吃。"

没多久，欣同学得意地出现在客厅，喊道："妈妈，我写完了！"她边说边坐下来吃饭，吃完饭还和我高兴地聊着天……这一场战事就此了结，让我很是疑惑，这般大逆转是怎么来的呢？

和欣爸讨论了一番后，我们有了新发现。欣不肯关电视，这是她对规则建立的反复。我们坚决制止了她的行为，她发现没有空子可钻也就放弃了试探。而我的坚决制止，欣爸控制了自己的脾气，这都是我们自控力的体现。

欣上小学后，不知从哪天起，变得越来越会耍赖，还会讨价还价，真是令我头痛。面对她的耍赖，为什么我们会一再忍让呢？原来我们还是害怕她的哭闹，怕她闹起来烦心。所以我们选择了妥协，后果就是让欣尝到了耍赖的好处，更加频繁地使用。

而这一次，我没有退让，而是坚决制止，欣爸也及时控制住了自己的脾气，让冲突没有升级。当欣没有陷入对抗的恶劣情绪中，她的自我调节能力就上线了，理智也上线了。她接受了耍赖无效、规则必须遵守的现实。最后皆大欢喜。

和大家分享我的心得：在帮孩子培养自控力的时候，我们家长也需要锻炼这个能力，不仅能言传身教，更能身体力行地配合和支持孩子。

第五招

学习承担自己的责任

成长必然要走弯路

完全不犯错误

也就没有了成长的经验

为什么不能喝牛奶？

有个妈妈说，知道对孩子要有耐心，可是有时实在心烦，控制不住要对孩子板起脸。比如小朋友吃饭时玩碗，她反复说不要弄了，小朋友偏要弄，最后干脆把碗摔到地上。这个妈妈控制不住吼了起来，可是看到孩子小心翼翼的样子，又觉得后悔。她感叹道："碰到实际情况，理论不管用啊。"

类似这样的冲突，吼叫确实会让孩子当场屈从。可是孩子并不能理解这件事不可以做的真正原因，也不知道这样做会有什么后果，他们只是根据父母的情绪来判断自己的行为。当家长不再吼叫时，孩子就会觉得妈妈心情好了，我可以这样玩耍了。这样的事情他们热情高涨地一做再做，家长便一次又一次地抓狂。

在我们家，自从我让欣学习承担自己的行为后果后，类似的问题就有了不同的答案。

有天晚上，3岁的欣委屈地找我，说陈姨不给她喝奶。陈姨笑着说："你自己告诉妈妈为什么晚上不能喝奶？早上你是怎么喝奶的？"欣扭扭捏捏就是不说。

原来，早上喝奶时，欣反复把手放进杯子里玩。保姆陈姨对于让孩子学会承担后果已经很有经验了。她告诉欣："你不要把手放到杯子里，不然就不能喝奶了。"欣不听，又把手放了进去。陈姨说："你再玩牛奶，今天晚上也不能喝奶了。"欣却把另一只手也放了进去。陈姨把牛奶收走了。欣哭得震天响，陈姨也没有心软。

我问欣："是不是这样？"

欣点点头说："我把手放在牛奶里玩了。"

"把手放在牛奶里玩了怎么办？"我问她。

"不能喝奶了。"欣老老实实地回答，又不甘心地说，"现在是晚上了，我要喝奶。"

我摇着头说："今天晚上也不能喝了。"

"为什么呀？"欣奇怪地问。

"因为你今天早上玩了很久的牛奶，陈姨说了再玩晚上也不能喝了。你后来是不是还玩了？"我问她。

"玩了。"欣嘟起了小嘴巴。

"是啊,所以你今天晚上也不能喝了。"我坚定地说。

欣立马红着眼圈看着我,可怜巴巴的。

我把她搂在怀里,轻柔地告诉她:"牛奶是喝的,不是玩的。你要玩水,咱们可以在玩水的时间玩。知道不?以后不用手玩牛奶了,咱们每天晚上还是可以喝牛奶的。"

"知道了!"欣点点头,不再提喝奶的事。

> 对于孩子的各种不良行为,家长需要做的是放下对孩子的评判,态度温和、坚定地要求孩子为后果负责。这样温和而坚定的智慧父母,才能养育出有信心、对生活有控制力的孩子。

2. 你上课还是我上课？

"**快**点快点……等下迟到啦！"冲着磨蹭个没完的欣，我着急地催促着。

今天是周六，6岁的欣上轮滑课快迟到了，可是她东摸摸西搞搞的，就是出不了门，平时难得心急的我也忍不住催了起来。

"又不是你去上课！"欣抬头抗议地瞪着眼睛看着我，说得很认真。

我心中一惊："是啊，又不是我去上课，又不是我迟到，我干吗这样心急？"我立刻提醒自己："欣应该自己负责，我又把责任揽到自己身上啦！"

于是我点头称是："对，欣你提醒得太对了。我不着急了，反正我又不会迟到。"

"可是我会迟到啊！"欣一边说着，一边动作麻利起来。

穿外套换鞋时，欣又分神玩了起来。我刚想开口催，想起她刚才的话，到嘴边的话换成了另一句："哎，我不着急，我才不急呢。"

欣一听，立刻急着催我："快点快点……妈，你快点！"在她的一声声催促中，我们以最快的速度出了门。

我在前面使劲走，时不时还拉欣一把。欣赶上来，气喘吁吁地问："妈妈，是你上课，还是我上课啊？"

欣的话像一盆凉水浇到了我的头上，我放慢了脚步。如果这次欣迟到了，受到了老师的批评，那也是因为她早上磨蹭出门晚，她需要自己为此负责任，承担老师批评的这个后果。现在我催她快点，拉她快走，这件事反倒成了我的事了。

我们踩着点儿赶到了，没有迟到。回家的路上欣还对我说："妈妈，你下次动作要快点啊！"

今天欣给我上了深刻的一堂课：为什么家长催得越厉害，孩子动作越慢？那是因为我们侵犯了孩子们的疆界啊。明明是他们自己的事，我们偏要抢过来，所以他们会用行动来告诉我们："有人替我着急了，我干吗还要着急？"

许多时候，不是孩子不肯为自己负责，实在是无责可负啊！

心理学家徐浩渊博士曾有这样的定义：

每一个人或者动物，时刻都在尽力保持着自己的两种生存空间：物理空间和心理空间。这种空间与外界的界限，也称作疆界。

也就是说，我们的心灵和领土一样，都有一道疆界。这道心理疆界将我们自己与别人隔开，以保持自己的个性空间。心理疆界明确地定义出什么是我的，我应该对什么负责，也标明什么不是我的，我不应该对什么负责任。

心理疆界健康的人会百分之百为自己的态度和行为负责，不将自己在这方面的问题归咎于他人，同时也不会"越界"，不会承担他人态度和行为失当的后果。

而我正和许多家长一样，遇到孩子的问题，常常忍不住"越界"，替代孩子生活，替代他们承担后果。在这样的环境中长大的孩子，遇到事情往往不愿意也没有能力为自己负责，甚至到了应该独立的年龄，只要求独立的权利，却不能负起相应的责任。这是值得我们思考的。

3. 替代生活之天热穿衣

今天长沙气温33℃，昨晚睡前准备衣服时，一年级的欣一定要穿那条粉红色的厚呢裙子。33℃啊，厚呢裙，那得有多热呀！我费尽口舌，好说歹说终于让欣改变了主意，她答应改穿薄裙了。

谁知早上一起来，欣同学又不干了，开始闹腾："我一定要穿那条粉红色的厚呢裙子……"

"哎呀，今天有33℃啊，别人都穿短袖了，你穿这么厚会热坏的，会长痱子的，说不定还会中暑晕倒呢。"我再次把严重后果说给她听。

"不啊，我就要穿那条！"欣还是不听。

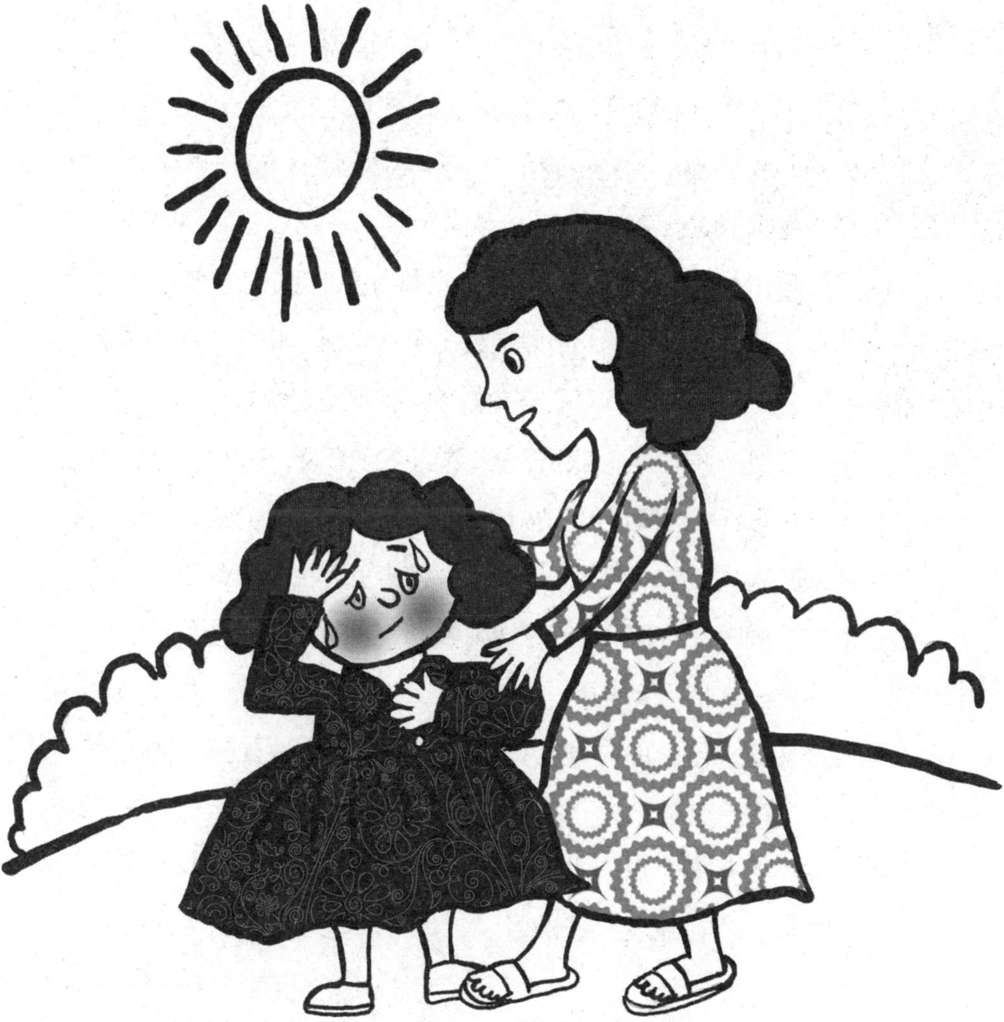

"妈妈要你穿薄裙子是为你好呀，你听话，放学爸爸给你买好吃的。"欣爸在一旁软语相劝，还给出利诱。

"我不要，我就要穿那条裙子！"欣大叫着，带着哭腔。

接下来又是来来回回，到最后我几近抓狂啦！

突然，我的脑中灵光一现：干脆就随她去吧，就让她体验一下33℃穿厚呢裙子的感觉吧！

"好吧，你实在要穿那就穿吧，如果热得受不了，可不要怪我们。"

想通了我就不生气了，平静地说出了这句话。欣看到我松口了，高兴极了，立刻把厚裙子穿了起来，心满意足地上学去了。

下午接到欣的时候，我看到欣穿了一身薄裙，连下面的裤袜也脱掉了。托管班张老师还给我描述了中午接欣放学时的情景。欣从学校里出来时满身大汗，到了托管班第一件事就是去换薄裙子。

欣在一旁听着，很不好意思地呵呵直笑。我笑着对欣说："是呀，就得让你自己体验后果才行。"

仔细想想，早上的时候我担心欣热着了，像是自己会被热着了似的，所以特别焦虑着急，这是把自己和她混在一起了。后来欣自己尝到了大热天穿厚裙子的滋味，她不就赶紧换上薄裙子了吗？

当我们把责任还给孩子的时候，孩子就会承担起属于他们的责任，也是从那一刻起，他们学会了自己把握生活。有了这些能力，我们还有什么好担心的呢？

4. 自己剪坏了头发，怪老妈吗？

一年级的欣同学昨天嫌头发碍事，前面的头发掉下来，扎在脸上不舒服，她就对着镜子自己剪掉了。现在额头那儿的一小簇头发短短地竖着，像个小板寸。

我说："哎，看起来还蛮整齐嘛。"

欣很开心地说："是啊，我对着镜子剪的。"然后又有些担心地说："我不敢去学校了。我怕别人笑我。"于是我便陪着欣去理发店修理。结果她额头的板寸实在太短，没法完全遮住。不过细心的理发师处理了一下，看起来顺眼了许多，欣当时也接受了。

今天早上要去学校报到了，欣同学忽然急了，对着自己的头发又是生气又是抹眼泪。关键时刻，我给她出了个主意："拿个漂亮的头箍试试……"果然遮住了小板寸！欣同学欢天喜地报到去了。

没想到放学回来全变样了……

"这个头箍太松啦！"

"这个头箍不舒服！"

"我不要这个颜色啊！"

"你摸呀，这里还是有头发，他们会笑我的。"

"哎呀，都是你出的主意……头皮这里都破了，好痛……"

看着欣同学一哭二闹三跺脚，我的火"噌噌噌"上来了。我那一肚子火，直冲脑门！多年的修炼在这个时候终于见效了……

我深呼吸，再深呼吸，然后微微侧开身子，站在欣身旁但她看不清我的表情的地方，狠狠地盯着旁边的某棵小树，使劲地在心里大声表达我的抗议。如果眼似利箭，估计小树已经被射掉一地树叶了。

欣还在那儿哭嚎，我在心里狠狠发泄过后，觉得理智回来了。

我平静下来，和欣的交流就顺畅了。我告诉她，我理解她此时对头发的着急担心，还有额头破了的疼痛、难堪和生气。欣的哭声从悲愤转为抽泣。我轻轻地拥抱着欣，她又流了一会儿眼泪，慢慢缓了过来，勉强接受了现状。

这一日，有机会和张玲老师聊到这个事，我依然觉得自己又委屈又愤怒。

张玲老师直指这件事的核心:"为什么要直接给她出主意,而不是告诉她,你剪坏了头发,就得承担这难看的结果?这个事想解决,就得自己找办法!"

真是一语点醒梦中人!实际上,真正带给孩子们伤害的痛苦,是那些会摧毁自尊、心灵和人格的羞辱打骂,而欣为自己的行为后果买单,则是她必须去承受后果、想办法解决问题的痛苦。这种痛苦能促进孩子的健康成长,促使他们学会为自己负责任。这样的成长之痛将会让孩子们学会独立和坚强。

在我抢着帮欣解决问题的时候,我正在剥夺欣成长的机会。欣需要面对自己的问题,她得自己想办法解决。而作为妈妈,我要做的只是支持她、陪伴她。

豁然开朗的我,迎来了欣对头发的第N次烦躁和抱怨。

我直视着欣的眼睛,诚恳地说:"欣,你自己把头发剪坏了,你希望头发不要这么难看,不要被人笑话,是吗?这些问题都得你自己解决。妈妈之前给你出主意戴头箍,现在看起来这个办法也不好,因为没有从根本上解决问题。现在你打算怎么办呢?"

欣很意外地看着我,半天没有说话,嘴巴动了动,好像想说什么。最后她什么也没说,转身走了。

真的想不到,这事竟然以这样一个场景告一段落了,这是我没有想到的结局。

5. 赌气不吃饭，饿的是自己呀！

"昨天晚上我都饿成一张饼了！"一大清早，正在上班的我手机铃响了，电话里传来四年级的欣同学不知是抱怨还是后悔的声音。

昨晚我回家时，欣同学正在生气，因为姑姑和爸爸都不同意让欣给我做菜。我理解了她想给妈妈炒菜的心情，欣哇哇哭了一通。

吃饭的时候，欣同学不知是为了表达对姑姑和爸爸的不满，还是为了显示自己的坚持，她坚定地表示不吃晚饭，谁喊谁哄都不改主意！

那好吧，不吃就不吃吧。我提醒欣："现在不吃饭，到晚上饿了可没有东西给你吃，零食什么的我会收走。在明天早饭之前，你只能喝点水了。"欣仍然坚持不吃，宁愿回房间写作业也不吃饭。

晚上8点多，客厅里传来了翻东西的声音。欣果然饿得不行，开始到处找吃的了。可是所有的零食都已经被我收走了。

听到动静，姑姑从房间里出来想给欣下面条，被我拦住了。欣悻悻地倒了一杯水回了房间。直到临睡前，她又跑出来喝了好几次水。我把欣饥饿的样子都看在眼里，却没有松口。于是，这个晚上欣饿着肚子翻来覆去，最后睡着了。

从此以后，欣同学再也没拿吃饭这事威胁别人，因为最后伤害的是自己。

有的人很心疼孩子，觉得这样会伤了身体；有的人则觉得这种强硬的态度会给孩子带来伤害；还有的人认为就该让孩子体会一下错误决定的后果，一餐不吃也没事。

什么是伤害？我的理解是，完全不符合年龄阶段的无法逆转的过度行为，才是伤害。中国绝大多数父母都恨不得把最好的东西全给孩子，又怕孩子受了挫折，又怕孩子走了弯路，更怕孩子将来没好的出路。正是基于这样的心态，家长们把孩子泡在蜜水里，切断了他们成长的机会。到了孩子独自面对世界的那一天，他们却没有任何能力。因为他们的翅膀从小就被父母紧紧地夹住，基本退化了。

想让孩子拥有独立坚强的品质，并不需要故意设置一些所谓的挫折让他们去经历。孩子们从小长大的过程中，本身就会经历各种挑战，我们家长只需要让孩子为自己的决定负责，为自己的行为承担后果。相信他们在人生的道路上会更加慎重地做决定。

6. 为了自己想要的生活做准备

从一年级开始,欣就在托管班吃中午饭和晚饭。自从三年级她的一位好朋友在学校里吃午饭后,她也很想跟过去。我说有时间我先去打听打听,没想到,还没等我去打听,欣同学已经自己实地考察过了。她不但打听到了报名的方式,甚至还跑到寝室去看了床,摸了枕头、被子。

她告诉我:"在教室里吃完饭,中午可以到五楼去休息,有床,被子也很暖和。重点是费用便宜很多呢!"

我问她:"下午放学怎么办啊,你们 4 点多就放学了,我要到晚上7点左右才能接到你呀！"

"嗯，我可以去爸爸办公室，你带我走一趟我就记得路线了。要不，我自己坐公交车回家也行，也就十几站路嘛。"欣随口给出了答案。

我真是大吃一惊，没想到欣同学有如此行动力，思虑如此周全，看来她真的是势在必行啊！我能想到的问题，她似乎都已经考虑过了。

就在这个周日，欣同学为了能实现去学校午托的目标，再一次展现了她超强的行动力，把我给结结实实地吓了一大跳。

周日上午有个小记者的活动，欣爸弄错了集合地点，想当然地把欣同学放在了学校门口。他和欣约好了下午几点来接，就出去办事了。没想到差不多2小时后，我接到了欣同学从家里给我打来的电话！

原来欣在校门口等了好久都没看到有人来，就判断是集合点弄错了。那天她也没带手机，没法给我们打电话。正好她手上有20元活动经费，于是她就在学校门口的小店买了面包，换了零钱，自己到马路对面坐公交车回家了。

我可真是吓了一跳，我还没来得及带她练习如何坐公交车回家呢，她居然自己解决了这个问题。

"妈妈，我现在可以自己坐公交车回家了，以后下午放学我可以自己回家了。所以，我中午就在学校里吃午饭吧，好吗？"

在学校午餐的事就这样被正式提上议程。

有一天我突然发现，欣用彩带串了两把钥匙，还有一个漂亮的钥匙扣。又有一天，我发现钥匙扣旁边多了一个漂亮的小小卡，说是公交卡。再有一天，欣在脖子上挂着这一大串钥匙，领着表姐坐公交车从东城跑到南城看了一场电影……

四年级新学期一开学，欣同学如愿以偿地在学校里吃午饭啦！让我郁闷的是，学校只保证一至三年级的同学有午休床睡，欣同学中午只能在教室里休息。

欣放学坐公交车回家，首选那条坐十几站，终点站下车的路线。欣一般上了车给我打个电话，到家再给我打个电话，让我们放心。谁知最近，欣又发现了另一趟公交，可以和同学一起乘车，便不惜再绕好几站换这一趟车。我这当妈的自然有点担心，坐错站怎么办？

"你以为我没办法吗？"我的担心换来的是欣的嗤之以鼻，"坐过站我会往回乘呀！"

"要是不知道坐过了几站怎么办？"我有些担心地问。

"我会看站牌呀！"欣大声说道。

我讪讪地看着欣一脸的鄙视，怪不好意思地道歉："欣，妈妈小看你了！"

我想起了《路要自己走》这首歌的歌词：

  我知道关于未来 你有自己的想法

  天地万物都有存在这世上的意义

  没有一个人有放弃的权利

  我会牵着你的手 但是路要自己走

  面对选择的时候 听听心底宁静的角落

  有一天我会放手 因为路要自己走

如果我们听到孩子发出的信号：我要长大了，请给我长大的机会。我们做家长的就要赶紧放弃"立即解决问题"的想法，让孩子自己做决定，自己承担后果。把责任还给孩子，他们便有了学习的机会。

有了这样的学习与成长的机会，孩子们在这个过程中将会慎重做出决定，做决定时会思考各种可能出现的结果，评估后果中哪些是自己承担得了的，哪些是承担不了的，这些后果要如何承担，承担时如果出了意外要如何补救……这，就是在为自己的行为负责了。

7. 你喜欢兴趣班，你自己去上啊！

兴趣班到底是谁的需求？我被五年级的欣同学的这句"你想上，你去上啊……"给击中了！

父亲节那天，我带着欣体验了亲子厨房和手工课，感觉非常好。回来的路上我和欣商量，要不从下周起就参加这个兴趣班吧。欣却表示："周一要早起升旗，所以周日晚上参加了活动睡觉就会太晚了。"那周六呢？欣又说周六的课太多，很累，不想去。

转眼暑假来了，这下时间好安排了！下班回家，我迫不及待地和欣商量："他们这周末会有这样的活动，看！多好玩，多有意思。

你想想看，要不要以后就周五晚上参加这个班？"

欣一脸的为难，期期艾艾地说："嗯……周五我不想去，我要看《爸爸去哪儿》，我还想看《中国好声音》。"

"那就周六去？反正现在周六也没什么别的课了。"我提议。

"周六我也不想去啊……"欣的声音很低。

"为什么啊？"我想不通了。

"我就是不想去啊，我想在家看书，在家玩。"欣开始不耐烦了。

"哎呀，不去实在太可惜了呀。"我忍不住说，"我觉得那儿的课实在太好了，不去好可惜呀。"

"你喜欢，你自己去上啊！"欣大声地回答我。

我当场愣住了！

我这是在干什么呢？我觉得好，就一定要说服她去吗？我又重复了过去的模式：所谓的民主，往往变成了强迫孩子妥协的另一个途径。这样做，很有可能得到的是孩子更激烈的对抗……

仔细想想，欣说的何尝不是呢？我认为值得一去的兴趣班，欣未必想上，这是我的需要而不是欣的需要呀。她体验了，只是觉得好玩儿，并没有长期学习的需要，我为什么非得说服她去呢？

一个朋友说起自家的一段往事：她的女儿一年级的时候开始学钢琴，本来和睦欢乐的家庭从此鸡飞狗跳，最后以女儿往钢琴里灌了两次水为代价，结束了这一段学琴经历。

"这也是我得承担的后果吧。"这位妈妈说起这段往事很是心酸。

有不少家长开始担忧：那孩子真的错过了好机会怎么办？孩子长大后怪我没有逼他怎么办？

就像欣说的那样，想学的话随时可以学，什么时候开始都不晚。如果欣真的也像我一样遗憾当年的错过，那也只能承担自己决定的后果了。再想想，即使错过了，又有什么关系呢？人生在不同的阶段有各种不同的机遇，事情发展到现在并没有多糟糕啊！

"欣，你需要我给你什么帮助吗？"想到这儿，我赶紧问欣。

"不用啦。"欣头也不抬地回我。

"好吧，那你有需要的时候记得找我啊，我肯定全力支持啊。"

"嗯！"

8. 由课外书引发的冲突

一天晚上,我和五年级的欣同学上演了一场紧张对峙,在这个过程中,我发现正处于青春期前期的她真的长大了,当我们进行正向引导时,她其实是能够承担责任并且找到解决方案的。

这天下午放学时我和欣通电话,说好了在我下班回家前,欣要把这个学期的语文卷子整理好。没想到等我晚上 8 点多到家时,欣同学还在抱着课外书看,什么都没做。这一阵子欣看课外书看得太影响学习了,为此欣爸已经发过一次火了,没想到欣还是不吸取教训。

看到我进了门,欣大叫起来:"我看完这一页,看完这一页我去整理卷子。"

我说："好，看完这一页，你去把之前的卷子整理了，顺便把今天的语文作业也拿来给我看一下。"

欣不高兴了，烦躁得直哼哼。我没理她，直接去吃饭了。过了一会儿，欣把书往沙发上一丢，说了一句"我看完了"，便气呼呼地回房间了。

我在餐厅吃着饭，房间里不时传来欣半哭半哼的声音，声音一会儿大一会儿小，听起来她烦得不得了。

我听着听着就火了！

我吼道："你不会说话啊，你又不是婴儿，你有什么事说话嘛！"

我深深吸了一口气，再慢慢吐出去。感觉自己平静些了，我冲着房间说："你搞完没，搞完了出来！"

一会儿，就看到欣苦着一张脸过来了。她坐在我对面，低着头，时不时抽泣一下。我也没心情继续吃饭了，干脆专心和欣聊天：

"你是不是一直躺在床上哼哼？"

"是的。"

"妈妈刚才打断你看书，你感觉很烦躁，你其实很想继续看书？"

（找到感受和需要）

这一句就把欣的眼泪问出来了，泪珠扑哧扑哧直往下掉。

看她那可怜样，我心软了。自己的情绪也慢慢平复下来。

我说："你是不是很想看书，想痛痛快快地看个够？"

"是的。"

"想要有看个够的自由,就得有自由的能力。就像你玩仙剑游戏一样。你得升级,这样才有相应的体力和各种能力。不然总是一下子被打死,一直困在一个地方出不去。这就是能力,玩得痛快、自由自在的能力。我知道你又想痛快看书,又想自己能考好。可是你现在只图痛快看书,写作业也图快,不想复习,你自己想想,接下来会怎么样呢?"(让孩子看到自己的责任)

欣不说话了。

我说:"你爸爸前天就为了你看书的事发火。今天你又这样,我也挺想发火的,你说现在怎么办?"

欣突然气冲冲地大声说:"那你把书收走!大不了你把书收走!"

"我不会把书收走的。我觉得这样是对你的不尊重。最重要的是,我觉得你自己有能力处理好复习功课和看书的关系。"

欣很是惊讶地看着我,等着我继续说。

"妈妈每天要处理很多事,每一件都想做好。但是事情肯定做不完,也不可能都做好。所以我得选择,哪个重要就先做哪个,不那么重要的,我就暂时放一放,排在后面。"

"我觉得,其实看书也可以放一放的。"欣听得直点头,想了想,又忍不住哀嚎,"可是我真的好想看书啊!"

"看书比学习轻松多了,也舒服多了。"我表示赞同,"可是我们要想能痛痛快快地看个够,就得先有这个能力。先说现在吧,你不肯复习,拖拖拉拉,作业做得一塌糊涂,到时爸爸一发火,肯定不会让你看了……"(看到行为的后果)

"不好！"欣大叫。

"假如你没考好，我们只好给你补习，你就更没时间看书了。说不定假期安排也得变了。"

"啊，那我该怎么办？"欣一脸茫然。

我接着说："你一直都知道什么是对自己好的。我相信，看课外书的事你一定能处理好，你知道怎么做是对自己好。"

"嗯，我先忍一忍！等我下周一考完了，我周二就睡到下午，周三看一整天课外书，什么也不干！"

"当然可以。到时候你自己调整好时间就可以了。"

欣高兴地计划起来。（接过责任，自己寻找解决方案）

我觉得今天的结局还是蛮好的，虽然过程似乎有点绕，不过我觉得还是传达了几层意思：

第一，要想自由自在，就得先有自由自在的能力。

第二，妈妈相信你能处理好，不会强制你。

第三，你一直都知道如何做是对自己好，会选择做对自己有益的事。

结局果然不错，欣自己想出了解决办法。

很多时候，年龄较小的孩子分不清什么是自己的责任，这就需要家长帮助他们厘清哪些是自己的责任，把属于孩子的责任摆出来让孩子看见。孩子清楚地理解了应由自己负起的责任，家长也要学着放手，他们就能学习承担自己的责任了。

9. 找到帮助孩子的度

六年级的欣同学下午有社团课,她忘记带花种子了,打电话想要姑姑送。姑姑忙,就想让欣爸送。欣爸告诉我后,我不同意给她送。

中午欣同学打来了电话,告诉我她打算自己来解决这个问题:中午和同学们一起出去买花种子。

吃晚饭的时候,欣详细描述了她为了出校门而作出的各种努力。

欣写了出校门申请后,先找了管中午时段的老师,老师说得找自己的老师签字才行。欣就问:"是不是只要是任课老师就行?"老师说是的。于是欣开始找各科老师。先找班主任语文老师,语文老师不在，她就去找副班主任数学老师。数学老师也不在，她又去找英语老师，可是中午这些老师统统不在办公室。欣又一个个去找了其他的任课老师，音乐、美术、体育，最后连信息课老师也去找了，都不在。最后想起来还有一位大队辅导员，也不在。

"哎，楼上楼下爬得快累死了，也没找着人！后来还是找同学借到了种子。"

虽然嘴里说着累，欣却一副很有成就感的样子。

欣忘记带种子了，她就得自己承担这个行为的后果：没有种子可用，可能会被老师批评。欣得自己想办法解决，不能指望家长。我的拒绝，并没有伤害欣，反而激发了欣的韧劲和解决问题的能力：她锲而不舍地找了七八位老师想签字出校门去买种子，没找到老师签字又去找别的同学想办法。

我和欣之间，一直在构建彼此的信任和尊重。做决定前，我不会纠结那个"度"：这样做是不是不够，或是过了。我尽可能从欣自身的情况去评估：这样的决定，是否让她承担了自己的责任，是否能帮助她的成长，是否能助长她的责任感。

这次欣自己解决了问题，果然得到满满的成就感，她觉得自己拥有解决问题的能力，更明白出现问题后可以有不同的方法来解决。她后来自信满满地总结说："我可以先想办法再求助。"

第六招

遇到问题把人和事分开

对事不对人

对事情进行规范

对人无条件的爱

1. 是馋嘴吗?

欣外婆家楼下有个卖水果、炒货的小摊子,女主人很喜欢欣,每次见到欣总要塞小饼干给欣吃。时间长了,这竟然成了欣生活中的一部分。每次要下楼时,欣就会高兴地说:"等下有饼干吃。"

一天晚上,我们路过小摊子,站在那儿的是她家的外公。外公当然不知道这个"小秘密",只是和我们点头打招呼,却没有动作。

我心头一紧,不知3岁的欣会有什么反应。她会失望哭泣吗?

我装作若无其事的样子,牵着欣一个劲儿地往前走,既不敢看欣,也不敢看店主。

欣并不出声，只是跟着我走，我反而不放心了。我把她抱起来看她的神情，只见她一脸平静。欣伸出手来玩我衣服上的拉链，并没有说什么话，我这才放下心来。

抱着欣往前走，我想：原来是我想错了。每次经过小摊得到小饼干，对欣来说只是一种乐趣啊。我怎么就把她一直以来的小期盼定义成馋嘴了呢？

我深深地反思。透过忧虑，我看到了自己的不安。我不能接受自己的不足，所以我害怕看见欣的不足。

其实，即使是馋嘴了，又怎样？民以食为天，在欣的需求得到充分满足的时候，她不会对物质过度索求。欣平时的行为很好地印证了这一点：她进超市常常空手而出；她吃零食，总是一包、几片就够……而我却仍然忍不住在怀疑，在害怕。

"接受自己的每一面，就会接受欣的每一面。"我对自己说。

就算欣有了不合适的行为，也不等于她这个人就有问题。把人和事分开，就事论事，不因事而否定人。

M·斯科特·派克博士在《少有人走的路》一书中说："当一个人肯定自我价值时，就会采取一切措施来照顾自己。"

这个自我价值如何建立？简单地说，就是把人和事分开的无条件的爱，"爱他们如他所是，而不是爱他们如你所想。"

我再一次深深体会到：接受自己的每一面，就能接受孩子的每一面。在我努力成长的时候，再来看欣，就能理解、感受到她一次次的成长了。

2. 我道歉了

吃饭时，不知爷爷说了句什么，4岁的欣不高兴地嘟起嘴说了声"不"，没想到嘴里正巧有饭，这一声"不"就把饭喷到爷爷手臂上了。爷爷不高兴地说："哎，你怎么这样！"我说："欣，你把饭喷到爷爷身上了，你给爷爷道个歉吧。"

欣往后一靠，不说话。

欣爸说："你快点道歉。"

欣不动。

欣爸说："你快点道歉，不然今天的零食就没有了！"

欣沉着脸拿着勺子敲起碗来。

欣爸高声说道："你不道歉还敲碗，明天的零食也不准吃了！"

只听"咣当"一声，欣把勺子扔到地上去了！欣爸在一旁气得大叫起来："你怎么把勺子扔了，后天也不准吃零食！"

到底是长大了，欣小脸憋得通红，想哭却没哭的样子，看起来也快要爆发了。我在一旁赶紧说："欣，你不是为了零食要给爷爷道歉，知道吗？你刚才不小心把饭喷到了爷爷身上，你应该说声对不起。"

欣的脸色缓和了，坐在那里哼哼唧唧的。

这时我扭头对欣爸说："你也看得出吧，欣她不是故意要把饭喷到爷爷身上的。你这么凶地吼她，如果你是她，你会愿意去道歉吗？"

欣爸不好意思地点着头说："也是啊。"

"你知道问题在哪吗？道歉不是因为要吃零食呀，本来没有逻辑关系的事你非要联系起来。"我轻轻地给欣爸解释。

我转过头来看欣，小姑娘还在一旁僵持着。

我说："欣，妈妈知道你不是故意吐口水的……"

"我没有吐口水！"欣大声说。

"是的，你不是吐口水，你是不小心把饭喷到了爷爷身上，对吗？我们不小心做错了，也应该说声对不起的。"

欣扭扭身子不说话。

我说："这样吧，你去拿个水果送给爷爷，就算你道歉了，好吗？"

欣说："那你陪我。"

"好！"我赶紧点头。欣到茶几上拿了个大枣，跟着我一起去房间里找爷爷。欣把枣子递过去，我在一旁引导她："欣你说声对不起吧，告诉爷爷，下次会小心的。"

"爷爷！我下次会小心的，对不起！"欣一边大声说着，一边把大枣送到爷爷手里。爷爷高兴地说："好好！你自己吃吧，爷爷不要。"我赶紧说："爷爷你拿着，这是欣在道歉呢。"爷爷收下了大枣。

欣转身跑到客厅找到爸爸，抬着头说："爸爸，我道歉了！"欣爸也高兴起来。

用毫无关联的事情来惩罚孩子，并不能起到正确的引导，反而会造成错误的归因。惩罚只会激起他们的对抗。而解决方案并非只有一种，很多时候，不必和孩子硬碰硬。这个方法行不通，就换一个。

比如这一次，逼着欣立即说"对不起"，她不接受，就换个办法：拿个枣子向爷爷表示歉意，也一样能达到效果。

最重要的是，在孩子犯错的时候，我们要及时把人和事情分开，不把她无心的举动上升到品质问题。我们要建设性地提醒孩子，而不是破坏性地攻击孩子，这样孩子就不会陷入委屈和对抗的情绪里了。

3. 孩子故意口吃怎么办？

回家的路上我和欣聊天，5岁的欣说："我就是不不不……想想想……想拿。"

我回过头微笑地看着她问："欣，你说什么？我没听懂。"

"我就是不想拿。"欣想了想，又说了一遍。

"哦，你刚才那么说话，我可真是听不懂。"

欣笑了起来，飞快地重复了一遍顺畅的话，接着说起了其他事情。

故意结结巴巴说话的情况，这是我最近遇到的第二次了，我明显感觉到欣是受了什么人的影响，觉得这么说话特别好玩儿。我觉得平静地回应几次，估计她很快就能轻松度过这个"结巴模仿期"了。

欣刚学会说话没多久，也有一段"结巴"期。刚开始我也很焦虑，担心她变为结巴。

后来我慢慢认识到，结巴其实是许多小朋友都可能会经历的。随着孩子认知水平的高速发展，他们有太多希望表达的想法、内容，但是语言能力还不够成熟，跟不上思维的发展，因而出现语言滞后于思维的现象。

懂得了这个原因，我放松下来，智慧也油然而生。在不同的情况下，我会有不同的应对。

如果欣是因为着急，一下子说不清，我会试着引导她说出完整的内容。比如她把水果往旁边推开，嘴里着急地说："不，不……奶，奶。"我就会问她："你是想说不要这个苹果，想喝酸奶，是吗？"欣使劲地点头，跟着学习："是的！不要苹果，要酸奶！"

如果欣是为了吸引我们的注意，故意模仿别人的结巴行为，我就会置之不理。有时必须有回应，我就会表示听不懂。几个回合后，她发现大家对她的结巴没有特殊的反应，过一阵子她这个故意的结巴行为就慢慢消失了。

其实孩子的口吃，大部分并不是发声器官的问题，也不一定是故意想模仿"坏习惯"，更多的是心理紧张造成的。我的经验是，家长在教孩子说话时，千万不能着急上火。你越焦虑，孩子就越紧张。更重要的是，千万别把孩子说话不好挂在嘴上，逢人就讲。也不要总是羡慕别的孩子，总说"谁谁谁比你小，还说得比你好"这类的话。这样只会给孩子造成心理暗示，更加难以顺畅地开口说话了。

著名心理学家杨凤池老师曾分析过孩子口吃结巴的原因：

> 有的孩子有口吃现象以后，家长老盯着他的口语表达。孩子刚要张嘴说话，家长马上说："你先别张嘴，想好了再说。"孩子又要说，家长又挡着说："先别说，想好了再说。"这两次阻拦，实际上增加了他口语表达中的紧张度，让孩子在要说话之前，已经酝酿了足够的紧张。这时候孩子讲话就很容易口吃。

所以有一种怪现象，就是你越努力纠正孩子口吃，孩子口吃反而越严重。

另外，如果孩子确实年龄较大还说不清楚话，先要到医院排除舌系带短的原因，然后咨询医生是否需要进行语言训练。

这次面对欣的"结巴"，我也能以平常心对待。因为我知道，这不是欣在故意学坏，而是她"对结巴感兴趣"这件事又发生了。

我想起曾看过的一些例子，很多孩子因为小时候好玩故意学结巴，家长不断提醒，甚至打骂，孩子反而真的变成口吃了，成年后也摆脱不了阴影，最后留下了终生的遗憾，真是令人心痛。

4. 化解爷孙气

5岁的欣最近迷上了蛋汤泡饭，这个蛋汤还得是她自己做的。

昨天我们在回家路上商量着晚上一起做蛋汤泡饭，没想到回家时爷爷已经做好饭了。欣只好坐下来吃饭。

结果一看爷爷做的蛋汤泡饭，和我们平时做的不一样。欣着急地叫起来："不是的，不是这样的。"

大家你一言我一语地劝说："算了，爷爷都已经做好了，明天你再自己做吧。"

欣却越叫越大声："不是的，不是这样的！"

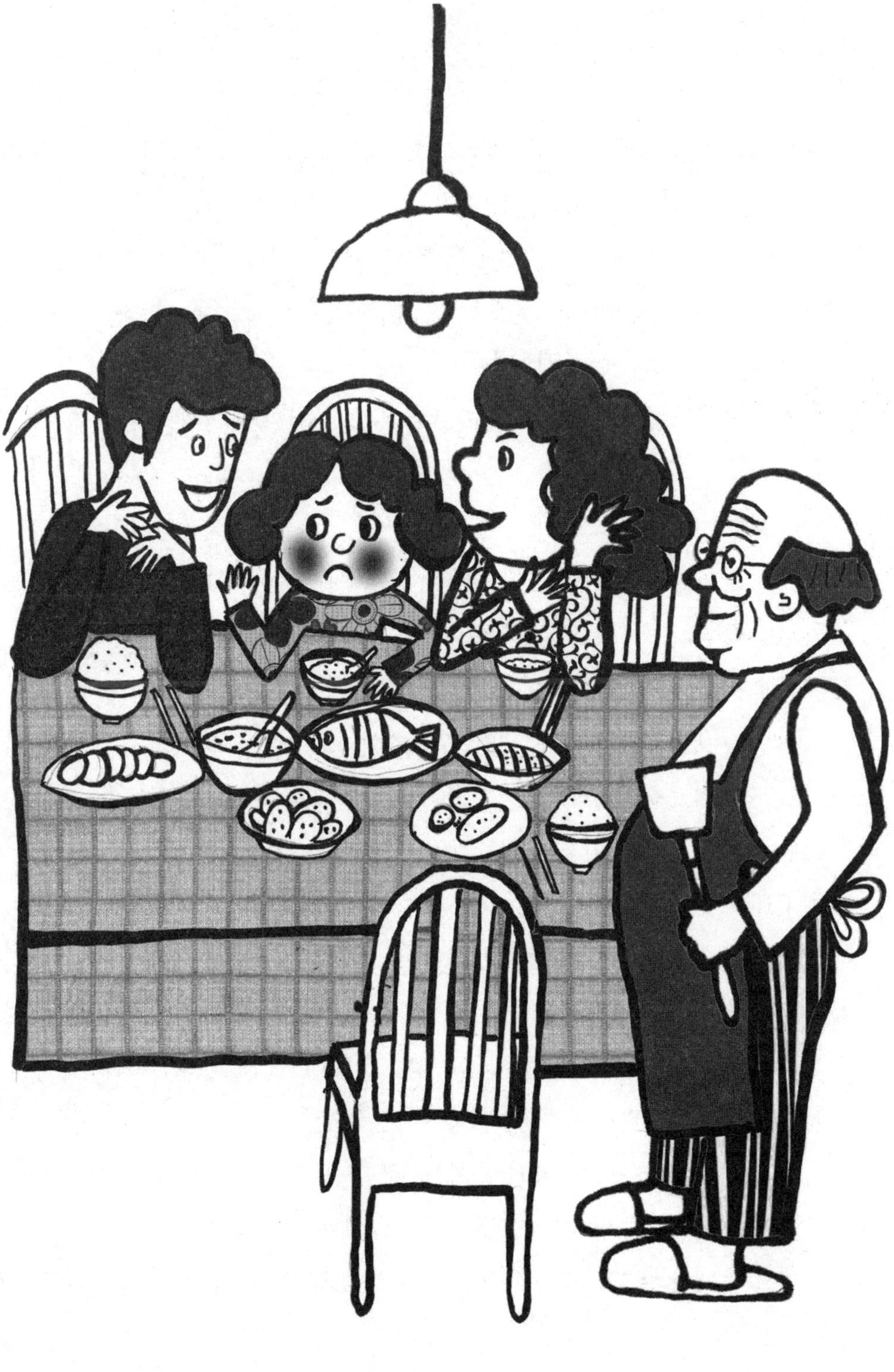

爷爷终于听不下去了，怒道："不是你别吃！"

好好的一顿饭闹成这样，爸爸也在旁边皱着眉头，强忍着怒气。

我抱了抱欣，问她："看到爷爷做的蛋汤泡饭，你是不是觉得和我们做的不一样，所以好着急？"（找到感受）

"是的！"欣抹着眼泪点头。

"你现在很想吃平时那样的蛋汤泡饭吧？你打算怎么办？"（找到需要）

"我想重新做。"

"可以的。在重新做之前，咱们需要谢谢爷爷，他之前帮咱们做了饭，很辛苦。你可以和爷爷说：'爷爷，谢谢你给我做了蛋汤泡饭。可是我不喜欢这样子的，我想要自己做。'"

欣哭着说："我不会说，我不会说。"

我把她搂在怀里告诉她："没有关系，妈妈多教你几遍，等会儿我们一起去跟爷爷说。"于是欣跟着我练了几遍后，一起找到了坐沙发上还在生气的爷爷。

"爷爷，谢谢你给我做了蛋汤泡饭。可是我不喜欢这样子的，我要自己做。"

跟着我说完，欣自己又重复了一遍。爷爷听完，脸色缓了下来，点着头说："你要自己做呀？好吧，你去做吧。"

欣立刻高兴起来。我和欣一起到厨房，我们很快做好了一大碗蛋汤泡饭。欣抱着碗坐在自己的小桌旁开心地吃起来。

其实在这件事上，欣和爷爷两个人都没有错。矛盾发生时，我的第一反应是欣怎么这么不讲道理，一点都不体谅爷爷的辛苦付出，怎么就是不肯明天再做呢？

当这个想法一出现，我的脑中警铃大响："不讲道理"这是一个评价呀！欣的感受是什么？她这个行为背后的需要是什么？她想自己做蛋汤泡饭，但是她不会用语言正确表达，所以只能用行动来反抗了。我觉察到，我又把人和事情混在一起了。

想明白后，我理解接纳了欣的感受和需要，也找到了她和爷爷之间的沟通障碍。所以我先让欣理解爷爷的好意，表达出自己的感受和需要，然后让爷爷了解欣的想法，事情就顺利地解决了。

如果每件事发生时，我们都能及时把人与事情分开，先理解接纳对方的感受，自己就不会那么容易烦躁生气了。接着我们表达自己的想法，让对方明白，他们也不会感觉受到了伤害，事情就会在心平气和中解决。

5. 是粗心吗?
——谈谈视觉广度与视觉敏锐度

周末的时候,二年级的欣同学做了两套试卷,虽然是语文和数学不同科目的卷子,但我发现欣的问题是极其相似的:漏字错行。

比如要减积木的数量,欣会不小心减成了旁边的兔子的数量;大声读题目时,欣会莫名其妙地错上四五处,有时候甚至一下子就念到下面一行……我和欣爸非常着急,怎么可以这么粗心呢?我们守在旁边提醒都不能改善!欣爸烦躁得想发火了。

我拉着欣爸离开了欣的房间先平复一下心情,然后向朋友们求助。我才发现,原来和欣一样有类似情况的小朋友还不在少数呢。有一位非常有经验的老师提醒我们：先不要忙着责怪孩子粗心，仔细观察孩子的具体表现，有些孩子会因为视觉广度的问题导致这类错字漏行的情况发生。如果是这样，孩子需要的可不是责骂和"粗心"这个标签，他们需要的是家长的帮助。比如，可以使用舒尔特表有针对性地进行练习。

原来，视觉广度是指眼睛在注意力集中的状态下看到的空间范围，也可以说是接受信息的广度。抄写漏字、答题漏题的孩子就是因为无法看到视线范围之外的东西，所以才会看漏的，但他们经常被认为是粗心。看来我们是错怪欣同学了。

> 舒尔特表可以帮助进行视觉广度的练习。心理学上用此表来研究和发展心理感知的速度，其中包括视觉定向搜索运动的速度，培养注意力集中、分配、控制能力；拓展视幅；提高视觉的稳定性、辨别力、定向搜索能力。孩子们如果书写有问题，如部首左右不分，缺少笔画等，可以用舒尔特表做视觉敏锐方面的提升。

25	8	14	10	19
7	24	17	11	13
23	16	1	9	21
15	18	2	4	20
22	12	3	6	5

图1　舒尔特表示例

我们一起学习了舒尔特表的用法后，欣爸打印了一套拿给欣。

这个表的用法是：把格子里的1～25按顺序用手指点着读出来，并计时。欣第一次用了1分19秒，第二次是44秒。她很兴奋，一张张地练习。欣很想用更短的时间完成练习，可是越是着急越找不着下一个数字，很快就急得"哇哇"叫起来！

我说："欣你现在这么烦躁着急，是想再提高些速度吧？"（找到感受与需要）

"嗯！"欣点头表示认可，情绪缓和了下来。

"那你还记得那个'欲速则不达'的故事吗？"欣瞪着大眼睛表示，那个几年前听过的故事早就不记得了。于是我又讲了一遍：

有一天，有个老师和他的学生在山上散步，有个人推着一辆车子过来了。老师说，这个人如果就用现在这个速度上山呢，估计中午就能到山顶了。如果走得太快，也许晚上也到不了。学生和那个推车人都不信。推车人说，我就要快点走，肯定不到中午就上山了。

"结果你猜怎么着？"

欣摇头。

"结果到了第二天他也没能推到山顶！"

"啊？为什么呀？"欣一脸惊讶。

"因为这个推车人使劲推车赶路，车子速度太快，碰到石头刹不住，一下子就把轮子碰坏了，到了第二天也没修好。"

"啊，太快反而容易出事啊！"欣惊叹道。她赶紧对欣爸说："爸爸，再来一次。这次我就用前面那个速度做。"

说完，她静下心来集中注意力，用手指头点数到了25，居然只用了26秒！超水平发挥！欣一下子就尝到了甜头。后来的练习有快也有慢，她一着急就会慢，我们提醒她欲速则不达，她静下心来速度就会快一点。

舒尔特表练习的就是注意力的稳定性（持久性）、广度、深度（集中能力）以及分配（任务和时间）和转移等几个方面的能力。经过一段时间的练习，欣漏字错行的问题确实有了一些改善。

后来我和欣爸聊天，我们觉得之前又掉到了"人事不分"的陷阱里。欣出现了学习上的障碍，我们就习惯性地给她贴上"粗心"的标签，这个评价性质的标签让我们只顾着责怪孩子不好好做，却没想过用心了解孩子的真实情况，更没想到寻找别的解决途径。这样的人事不分，不但委屈了孩子，更会失去真正帮助孩子的机会。

6. 吃槟榔的欣

四年级暑假的一天，欣姑姑悄悄告诉我们："欣吃了好几天的槟榔了！"

我和欣爸大吃一惊，在我们看来，吃槟榔是与抽烟一样的恶习。欣爸很生气，我赶紧拦住他，缓一缓再处理。

坐在沙发上，欣爸冷静下来，和我一起分析。我们一致认为：这不是欣在变坏了，可能是我们做了什么，才导致这个事情发生。

问题出在哪呢？说着说着，我就看到客厅茶几上摆着一篮子槟榔。我想，真相也许是这样……

这一阵子家里买了一大堆槟榔，欣爸随手放在茶几上。估计欣同学放假在家无聊，就吃着玩。刚开始肯定觉得不好吃，她可能试着小口小口地吃，吃着吃着就有感觉了。慢慢地，就变成每天有事没事吃一吃了。

我和欣爸一分析，发现真的是我们有错在先：槟榔那么明目张胆地摆在茶几上，也从来没有人说过这不是好东西。再说爸爸也经常吃的，怎么能怪欣呢？

我们连夜把这祸害全部收走，家里从此不再有槟榔。

最后由我出面和欣谈一谈。欣看到我要和她谈关于槟榔的事了，很是紧张，一副非常不想谈，又很无奈，不得不听我说话的样子。

"欣，你不用紧张，我是来和你聊一聊的，不是来批评你的。这些槟榔你觉得味道怎么样？"

"一般般啦。"

"是不是刚开始觉得不好吃，后来多吃几次就有点好吃了，所以经常想吃一口？"

"是的，不过我也不是特别喜欢吃，也没有经常吃。"

我告诉她槟榔真的不是好东西，里面有什么样的成分，吃多了会伤害口腔，有些成人还因此生病。小朋友的嘴巴尤其娇嫩，更容易出大问题。

我的态度很平和，也没有责备的意味，欣听得很认真，还不时地和我讨论到底会生什么样的病，要怎么治疗。

接着，我真诚地给欣道歉："是我们不对，不应该把这东西带回家，更不应该这样随意摆放，让毫不知情的你一下子就吃上了。这不是你的错。现在我们把东西收走了，会买其他更美味的零食回来，相信你以后不会再碰槟榔了。"

欣从紧张到慢慢放松，最后点头表示自己明白了，为了自己的健康坚决不会再吃了。我们聊天的过程很是愉快。欣还说如果以后还想吃，可以用最喜欢的海苔来替代。我知道，欣会为自己的身体健康考虑，一定能做到的。

果然，欣之后不再碰槟榔了，即使偶尔看到也没有流露出任何想吃的想法。

我庆幸我们发现得早，这也再一次提醒我们：要想孩子健康成长，最重要的是我们自己要给孩子提供一个良好的成长环境。这个成长环境包括生活环境和心理成长环境。当我们把人与事分开，对事情及时做出规范，给予孩子无条件的爱，相信孩子在一次次对自己行为负责的过程中，能激发出自信及解决问题的能力。

7. 打破轮回魔咒：
用手机看小说到半夜

我每次相信你，都被你打击了

五年级的欣不知从什么时候起，学会了用手机看网络小说。前一阵姑姑发现她看到半夜一两点，我当时发过火，也删除了看小说的软件，没想到她自己又下载了软件。

一天半夜，正在看小说的欣被我抓了个正着。我的怒火直冲上来，我狠狠地抢过欣的手机，大声说："明天换回儿童手机！"

她说："好，我同意。"

听到这话，我火更大了。我生气地说："我现在很生气！你辜负了我的信任！我还生气你用手机看小说，看到半夜！我们平时没让你看小说吗……"最后我吼累了，问她："现在怎么办？"

欣说："那你明天盯着我。"

我说："你喜欢被人盯着吗？被人盯着，没有自由，你愿意吗？"

欣直摇头。

我说："我也不愿意，我不想盯着你管着你，这样没意思。你要是还想看，总能想出办法来的。"这时我感觉自己慢慢平静下来了。

欣想了一会儿说："你不会相信我的。"

我说："我每次相信你，都被你打击了。怎么办呢？"沉默了一会儿，我说："可是我愿意继续相信你。"

欣的眼泪一下子掉下来了。我说："我今天确实很生气，我真的希望你能照顾好自己。我知道你能做好的，只是现在一下子做不到，我相信你会慢慢找到办法的。"

欣不哭了，我让她好好睡觉，便关了灯出了房间。

原来这是命运的魔咒

现在想想，这件事并不是什么特别严重的大事件，我却反应如此激烈，这是为什么呢？我想起了我小时候。

我小学三四年级时偷偷看琼瑶小说，被爸妈无数次暴打。有次哥哥告状，妈妈在我房间搜书，怎么也不相信那天我真的没看。最后她把整个床垫都翻到了地上……当时我觉得无比伤心：原来妈妈已经彻底不相信我了。

我想到这里，心里一惊。其实我是活在自己的过去，并不是真实地面对欣。我对欣的愤怒与妈妈当年对我的愤怒何其相像，我连那些狠话都说得一模一样，命运的魔咒又一次重现了！

唯一不同的是，我没有像妈妈当年不再信任我，而是真心地接纳了欣。无论她是什么样子，我都会真心地信任她。她是想做好的，只是现在不知怎么做好，我愿意陪她一起面对……

清理自己，靠近自己，给孩子一个不一样的世界

第二天一大早，我陪欣参加一场活动。到了活动地点，时间还早，我们找了个地方坐下来吃东西。环境比较幽静，我终于开口说这件事。

我刚开个头："欣，昨天晚上妈妈发火，你当时是什么感受？"

欣猛摇头，说："我不想说这件事。"然后低下头，不肯看我。

我说："我想对你道歉，我昨天反应太大了，不该发那么大火。"

听到我的话，欣抬起头来看着我，要我继续说。

我说："我担心你睡得太晚影响健康，用手机看小说影响视力，所以我很生气。但我对你看小说不应该反应那么大。我小学三四年级的时候也喜欢看言情小说，你外婆特别生气，还暴打过我。可我还是想看，我还打着手电躲在被子里看。"

"那外婆呢？"欣好奇地问。

"外婆发现了又暴打我一顿呗。"

欣嘿嘿地笑起来。

"其实我知道那种感觉，知道总看是不好的，可就是忍不住想看。越是不让我看，我就越想看。"

欣嗯嗯地点头。

"欣，你觉得那本书哪里好看？"我又说。

"我不知道，我就是想看。我们班的×××非常喜欢看，她一下课就会拿出手机看，她上课不看，一下课就看。"

我感觉欣说这个细节，是回应我昨天晚上说她看小说上瘾后，上课下课所有的时间都会想看。

我说："嗯，我知道，看进去了就会追着看，想快点看到结局。"

"是的。"欣点头，然后犹豫了一会儿，小声说，"我看到，你也在手机上看小说。"

我点点头："是啊，我也在手机上看小说了。那是过年的时候，我想放松一下。本来打算一上班就不看了，可是没看完，结果又看了好多天才看完。现在我已经没看了。"

欣"哦"了一声，不说话。过了一会儿，她说："我决定不看了。"

我发现，当我不再觉得欣是在故意不听话，急着去解决问题，而是用心看到自己的问题，关照了自己的感受后，我的难受点就不会被无限放大，理智就回来了。这个时候，我就能清晰地看到事情的本质，理解欣的感受和困境，解决问题的办法也随之而来。

让我们一起陪着孩子长大，理清自己，接纳自己，真心地爱护孩子和自己……家长自己成长了，才能打破轮回的魔咒，给孩子一个崭新的世界！

第七招

每件事至少有三个解决办法

不论什么事情

我们总有选择的权利

而且不止一个

除了生气和烦躁，还有什么办法？

"妈妈，你生气的时候不好看！"

这句话，最近常常从4岁的欣的嘴里说出来。通常我会点头说："是啊，妈妈有时候会生气。"

"妈妈，我不喜欢你黑色心情，不好看！"欣再追加一句。

11月的心理咨询师考试迫在眉睫，我的体力明显跟不上了。晚上好不容易等欣睡着了，我学习一会儿就困得东倒西歪。我心里着急，于是对欣睡前的磨磨叽叽很容易烦躁。我一烦躁，欣就会大哭，我们这是相互影响，我却一时不知该怎么解决。

我想了想，回答她："你哭脸的时候也不好看，你白色心情时也不好看。"

"妈妈，我不喜欢你黑色心情。"

"欣，妈妈也不喜欢你白色心情。你晚上要早点睡，睡不着的时候不要动不动就哭起来，妈妈就不会那么烦躁了。"

"好吧，我不吵。"欣点头。

"好吧，我也不随便生气了。"我也跟着点头。

到了晚上，欣洗漱完，听完故事，做完按摩，所有事情都做完了，她还是没有困意，磨来磨去，时针又指向了10，我的着急烦躁如期而至。

欣敏感地察觉到了，大声说："妈妈你又皱眉头啦，你又有黑色心情了。"

听到欣的提醒，我连忙做了好几个深呼吸，决定试着用一个新的方法来处理这个问题。我回答她："妈妈还没有黑色心情呢，妈妈现在的心情是灰色的。接下来怎么做，你就可以赶紧睡觉了呢？"

"妈妈，我睡不着。你不要黑色心情生气，我也不白色心情哭脸了。"欣在床上滚着说。

"如果实在睡不着，你可以闭上眼睛躺着。"我轻轻抚摸着欣的额头和脸颊，说道。

"嗯……"欣闭上了眼睛。过了一会儿，她迷糊着说："我还想听摇篮曲。"

"好的，我再给你放两遍摇篮曲，你要继续闭着眼睛。"

音乐放了不到两分钟，欣已经没动静了。仔细一看，她果然睡着了。

想让欣快点睡着，除了发脾气和烦躁，其实还有第三个办法：今晚我让自己尽可能从烦躁情绪中走出来，然后和她一起寻找解决办法。我温和引导，加上她想要听的音乐，我们不再陷入平时"时间到了她睡不着—我强迫她睡—她开始哭闹—我烦躁发脾气—她就更加厉害地哭闹—我的火气更大—她直到哭累才睡着"的恶性循环中。

是的，不论什么事情，我们都可以有不同的选择。当我们不再陷入糟糕的情绪里，新的办法就能带着我们走出困境了。

20. 波妞，笑笑！

已经上一年级的欣还是很容易掉眼泪，而我也越来越爱发火，这样的日子真是太灰暗了。不行，我们不能待在困境中，我得想个新方法来解决这个问题。带着这样的思考，我处处留心，想着法子。

最近陪欣看完宫崎骏导演的动画片《悬崖上的金鱼公主》，欣非常喜欢波妞。那天我灵光突现，便和欣商量："要不，在你哭哭哭、我火火火的时候，只要有人说'波妞'，咱们就一起笑起来？"

欣立马兴奋起来，一会儿假装哭，一会儿假装闹别扭，我配合着假装发火，然后我俩就轮流喊"波妞"。每当有一个人喊"波妞"

时，哭的人马上就不哭了，发火的人也立刻停下来，然后一起哈哈大笑。一个晚上，我们玩了好多轮，整个房间都是我们的笑声。

第二天早上，欣又因为一点小事要哭了，她还没开始哭，我的火已经要冒出来了。这时，我突然想起昨晚的游戏。

"波妞！"我试着喊了一声。欣立马含着眼泪笑了起来，我也笑了起来……空气中弥漫着开心的气息。大笑一通，我俩都从负面情绪中走了出来，两个人有商有量地找到了事情的解决方案。

读《NLP简快心理疗法》[1]时，令我印象最深的就是"凡事必有至少三个以上的解决办法"。对事情只有一个解决方法的人，很容易陷入困境，因为别无选择。对事情有两个解决方法的人也容易陷入困境，因为他会左右两难，进退维谷。有三个解决方法的人，通常会找到第四个、第五个，甚至更多的方法，最终让看似不可能解决的问题得以解决。

是啊，当我们有好几个方法可以选择的时候，解决问题的能力也随之提升了。对欣的哭闹，如果我只是守着"发火"这个唯一的办法，那就只能不断地重复，陷入困境。而当我一次次尝试不同的办法，我们也就慢慢走了出来。在这个过程中，我积累了经验，以后就能根据每次的具体情境找出不同的解决方法了。

比如这次我们发明的"波妞暂停法"，还是挺管用的。以后我还会想出新招数，见招拆招！

---

[1] 李中莹.NLP简快心理疗法[M].北京：世界图书出版公司北京公司，2003.

3. 我不想去"××人家"吃饭

朋友请客,听说要去"××人家"那个饭店吃饭,一年级的欣不愿意了,强烈要求换个地方。爸爸说了她两句,她哇哇哭起来。我问她:"不想去那儿吃饭,除了哭,咱们是不是还可以有别的办法解决呢?"于是我俩一起拿出笔和纸,列一列可能的解决方案:

1. 自己在家
2. 换个地方
3. 大哭一场,吵吵闹闹
4. 跟大家一起去

5. 找妈妈帮忙

第一种方案——自己在家：

有可能发生危险，我会觉得无聊。我的感觉是很不舒服、伤心，因为大家都走了。

结论：NO。

第二种方案——换个地方：

我觉得很好。但是，这是别人请客，我们不能自己换地方，没办法。我还是很想换地方。我的感觉是很难过、烦躁，因为我想去别的地方吃饭，可是不行。

结论：我希望可以，可是不行。

第三种方案——大哭一场，吵吵闹闹：

爸爸肯定会很生气，让我们不要去了，在家里吃饭。我的感觉是很难过、生气，因为这个结果很不好。

结论：NO。

第四种方案——跟大家一起去：

我还是想换个地方。我的感觉是很伤心，因为我不想去但又得去。

结论：NO。

第五种方案——找妈妈帮忙：

妈妈："你不想去××人家吃饭的原因是什么？"

欣："我觉得那里一点都不漂亮，我想去漂亮的地方吃饭。"（找到行为背后的原因）

妈妈："我可以帮你想两个主意。一个是留在家里，一个是今天跟大家一起去××人家，下次爸爸请客时就去你想去的地方。现在选哪一个呢？"（提供其他角度）

欣："我都不想选。"

妈妈："那请你自己想一个解决办法吧。"

欣急得又想哭，我把欣搂在怀里轻轻说："你觉得好难过吧？妈妈也想陪你去漂亮的地方吃饭。但这是别人请客，谁请客谁就安排地方。"

欣："那今天是谁请客？"

妈妈："王阿姨。"

欣："我要给王阿姨打电话！"

第六种方案出现了：给王阿姨打电话。

拨通王阿姨的电话，欣反复表达自己想换个地方。王阿姨几番劝说，最后达成一致：这次已经安排好了，临时改不了。下次再请客时大家先一起商量，这次大家就一起去吧。

最后，欣同学虽然没有达成心愿，但也平静地和我们一起到××人家吃了饭。席间，她和三个哥哥姐姐玩得开心极了！

这一次问题的解决，我借鉴了"儿童问题解决"系列绘本中的方法。我给欣示范了"三思而后行"的过程，也给她提供了多种处理问题的思路。

研究显示，如果一个孩子越能用多种策略来解决自己的社会问题，他的社会适应能力就越好。在和欣一起寻找更多的解决方案的过程中，我一直给她时间思考，让她了解到每个方案可能有的结果。这样可以让欣自己发现，不同的方案会有不同的结果，有些方法达不到自己想要的目的，有些方法会比别的方法更接近自己想要的目的，什么样的方法可以尽可能实现自己的目的……所有的方案并无对错之分，重点是提供给孩子思考的机会。

其中，我也把一些和情绪有关的问题加进去，让孩子思考当问题发生时，她对一件事的感受是什么。对于事情的感受并无好坏之别，但是这些感受能帮助我们更好地发现自己的需要，察觉自己的感受。这样可以帮助孩子以符合当下情境的方式，来思考问题解决的策略。

4. 找到解决问题的三个办法

一天，一年级的欣在家里急得团团转，她的数学试卷找不到了。

看到我，欣立刻大叫："妈妈，我的数学卷子找不到啦，你快点帮我去托管班拿一下吧！"

我一听笑了。小姑娘下午在托管班收书包时还在说，上次把卷子放进文具盒里差点忘记拿出来，今天要收好。没想到越想放好，越找不着了。

"欣，还记得我们说过的'凡事都有三个以上的解决办法'吗？你想想，还有别的办法吗？"我提醒欣。

"嗯……"欣掰着手指头开始算,"我可以打电话问一下张老师,还可以再找一下书包。哎,我给张老师打个电话!"

电话打过去,托管班的张老师说没有看到欣的数学卷子。欣冲回房间把书包又仔细翻了一遍,果然在书包的小夹层里找到了。

"哈,是吧,下次再着急时,知道怎么办了吗?"我笑着问。

"知道了,我可以先想三个办法。"欣乐呵呵地回答我。

不久之后,欣就把这个办法用得熟练了许多。

那日长沙下大雪,欣把手放进手套时说好冷,我随口问她:"你能想出三个办法吗?"欣立马把手伸到嘴边哈热气,想了想又使劲搓了搓手,觉得可以搓热。然后她又拿起手套说可以塞进棉袄里。

"我也想了一个办法。"看到欣想不出新办法了,我把手套凑到嘴边往里面呼热气,然后套到欣的手上。欣果然感到很暖和,拿起另一只手套使劲呼了几口热气戴上了。我笑道:"对吧,凡事都有三个以上的办法解决。你看不止三个办法呢,第四个办法都有了。"

带着这种成就感,欣有了新的突破,自信心满满。

这一阵子欣的头发刷刷地长,扎辫子成了每天早上必须做的事。一天欣同学说只找到一根皮筋,有些不想扎了。我引导她:"不扎辫子也算是一个解决办法,那还有别的办法吗?"

"哎呀,想不出办法了。"欣想了好一会儿,为难地说。

"嗯……一个皮筋可以扎几个辫子呢?"我故作思考状。

"一个辫子!哎!妈妈,我可以只扎一个辫子!"

我假装惊喜:"一个办法想出来了。"欣点头,立刻又陷入思考。

我正准备劝欣不必再想的时候，欣在自己房间里转了一圈，突然高兴地大叫："我还可以用跳舞的发卷，再加上头箍！"

我立马竖起大拇指，赞道："没想到你还能想出一个办法来！"欣满脸兴奋地冲去跟爸爸说这件事，整个客厅里都是她得意的笑声。

很多时候，孩子容易陷入单一的解决办法里，这是他们成长经验匮乏所致。他们经验少，也缺乏新的视角，这个时候就非常需要家长的及时引导。

5. 被人"放鸽子"了怎么办？

周五那天正值中博会放假，三年级的欣同学一直期盼着和好朋友吴同学一起去滑冰。

早上，欣同学早早起床，等到8点，她实在忍不住，给吴同学打了个电话，问她什么时候可以出来。吴同学还在睡觉，吴妈妈接了电话，很遗憾地告诉欣："吴同学上午有安排，要不你们下午再去玩？"

下午欣有英语课，肯定去不成了。欣挂了电话，躺在床上一动不动。过了一会儿，她小声哭了起来，越哭声音越大，边哭边叫："不

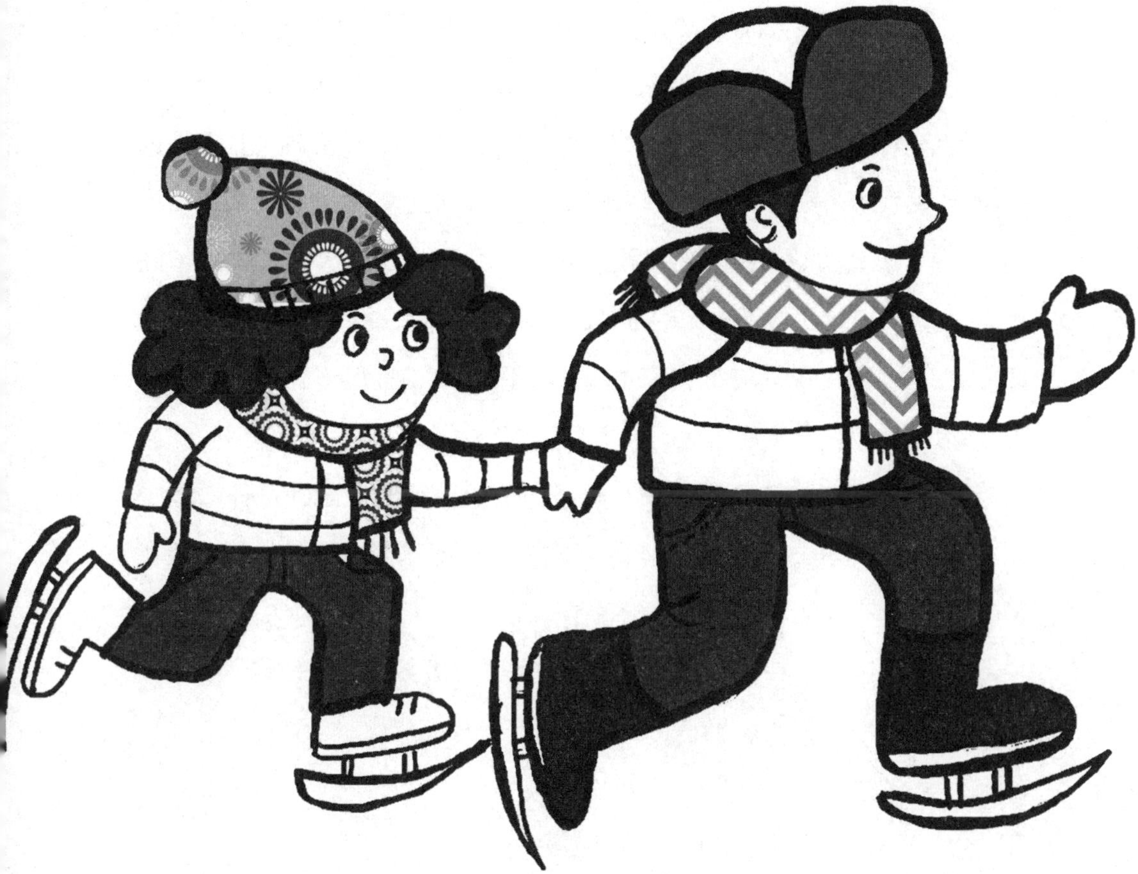

公平！不公平！"

本想赶完工作陪她去滑冰的我，听着她的哭声心里也不是滋味，好心疼这个被人放了鸽子的小姑娘。于是等欣同学哭声渐小，我对她说："就是啊，真是太不公平了，你好失望吧。"（找到感受）

欣同学听得悲从心起，又呜呜地哭了几声，然后抽抽搭搭地说："我只能在家待着了。"（被理解感受，说出了自己难受的原因）

原来小姑娘伤心的是没得玩了，并不是我以为的被人放了鸽子的受伤感。我放下手中的工作，问她："你是说只能在家待着了？"

"嗯！我只能待在家里了……你说我在家里干什么好呢？"欣抬起头又委屈又茫然地问。

"只能待在家里了吗？欣啊，还记得咱们说过的每件事至少有三个解决办法吗？"我说道，"你想想，还有没有别的办法？待在家里也算一种吧。"

"嗯……在家画画？"欣忘记哭了，开始想起办法来。

"欣，那你还想不想去滑冰啊？"我提醒她。

"想！"

"难道滑冰只能跟吴同学去吗？"

"我可以找楼上的浩浩哥哥，要是他不去，我还可以找豪豪哥哥。要是他们都不去，我还可以去找小林、小静……"欣同学的手指头都不够用了。（引导孩子想出新的办法，而不是由家长替代给主意）

"我，我去喊浩浩哥哥去……"欣一咕噜爬起来就想往楼上跑。我一把拦住她说道："这才8点多，人家估计还没起床呢。"

"那我怎么办？"欣又开始冲我眨着她的大眼睛。本想再让她想想办法的，我一下忍不住脱口而出："可以试试给小林妈打电话，她肯定起床了。"（不小心又在替她出主意了）

于是接下来美好的一天就从这儿开始了。欣同学自己联系好了小林妈，安排好了见面地点。我也顺利地完成了工作，领着两个小朋友在外面痛快地玩了一通。

晚上，我和欣同学探讨了一番这次被放鸽子的原因，下次该怎么避免。

欣同学在我们的讨论中想明白了，原来只和吴同学约是不行的，在她们这个年龄段，还得和吴同学的妈妈约定才能保证成功。她打算下次再约吴同学出去玩，一定得先让吴妈妈认可。

其实我之前本打算提醒欣找吴妈妈的，但硬是忍住了没说出来。孩子要学会拓展思路想出更多的办法，有一条很重要的原则就是家长要能忍得住。要忍得住让孩子出错，更忍得住不给孩子出主意。

吃一堑长一智，其实出点状况并不一定是坏事。给孩子一个试错的机会，有助于提升他们解决问题的能力。让孩子自己想出各种办法，哪怕是错的，也让他们有了练习的机会，学会寻找不同解决方法。

当一个人发现事情总是能想出办法去解决的时候，他们就能从绝望无力中爬出来，不会轻易地把自己逼到绝境。当一件事不再只有唯一一条出路时，人就有了选择的自由，这个自由让我们充满了希望和力量。

6. 学古筝的一道坎

除了着急，还可以做什么？

坐在古筝前，欣正在练习弹《小燕子》，越练越着急。记对了琴弦，却忘记了手的姿势；想起了手的姿势，又弹错了谱子。我反复表达对她的理解，告诉她没关系，刚开始练习都是这样的。可是欣已经听不进去了，她又弹了几遍，依然不能满意，情绪终于爆发了！

欣先是猛地拍了下古筝，然后用十个指甲使劲在大腿上抓了好几下，恨恨地坐在那儿不再动弹。我深深感受到了她的着急、烦躁，却无法帮她立即走出来，心疼地将她搂在怀里，她放声大哭起来。这个时候的我，心疼也心烦，同样也有些着急。

觉察到自己的担忧，我提醒自己：一定还有别的办法的。先想想欣到底发生了什么，找一找原因，也许新的解决方法就能出现了。

可怕的言传身教

我反思自己：我是不是又把事情莫名地严重化了？我表现得可能比欣更在意！我一边期待她放松下来，不要着急，最好是能马上平静，一边却在心里不断担忧、害怕，扩大问题的严重性……我这么努力地想马上解决这个问题，不就是因为我担心之后会出现诸如"逃避""没有毅力""放弃"等后果吗？

也许，欣遇事着急求完美，更多的原因在于我的言传身教吧！

想到这里，我就发现了一个方案：我得先改变自己，放下焦虑和担忧，把今天和未来分开，专注于当下，才能真正帮助欣。

我深深地吸了几口气，烦躁平复了许多。我提醒欣："古筝这么美的声音，是慢慢弹出来的，弹得越慢，越好听。你做几次深呼吸，这样能舒服些。"欣跟着呼吸，果然渐渐平静下来。

欣再次弹奏起来，节奏很稳定，好听多了。听着手机录音里传来的声音，欣终于高兴地笑了。

许多不同的方案在等我们

没想到过了几天，欣因为总是弹不好、练不熟这首曲子，转而练习那些她已经很熟悉的曲子了。我开始还劝了几句，什么多练几次就能弹熟之类的。我转念一想，真的只有这一个办法吗？平时总是要欣想三个以上的解决办法，我也得好好想想：

1. 以自己的经历告诉她还应该多练。
2. 以快乐为原则，不勉强她。
3. 让她自己想办法。
4. 我找老师谈谈。
5. 建议她找老师谈谈。

这么一看，其实还是有很多办法的。后来我使用了第四个办法，找姜老师诉说了欣不愿意练那首曲子的事。姜老师找欣了解了一下情况，她并没有像我一样进行长篇大论地说教，而是告诉欣这首《小燕子》可以先不练了，并另外教了她一首新曲子。

后来我才知道，这首新曲子比《小燕子》低一个难度，但是同样有那些让欣感觉较难的新指法。欣练着这个低难度的曲子，很快就顺利学会了，那些有难度的指法她也在不知不觉中掌握了。当欣再弹《小燕子》时，明显顺畅多了。

对于一时解决不了的问题，我们真的要采取某一个自认为正确的方法，一再地重复着失败吗？换一个思路，换一个方法，问题也许就迎刃而解了。

路，真的不是只有一条；方法，也不会只有一个。

第八招

相信自己，获得安全感

放手与信任

让孩子主动承担自己的责任

1 我能自己吃饭

周六我带欣到她的好友小林家玩,到了吃晚饭的时候,小林父母热情地邀请1岁多的欣和小林一起吃晚饭。于是我们就盛情难却了。

小林坐在小餐椅上,欣坐在我的腿上,我们开始吃饭。

刚开始,小林吃了几口大人喂的饭。当我开始喂欣吃饭时,小林突然烦躁起来,哼哼了一会儿,看大人没有回应,就开始又哭又闹。几个大人围着她转,怎么也哄不好。小林的奶奶有些着急了,语气越来越严肃,我在一旁劝说:"小林这样哭,肯定是有什么原因的。"

小林妈妈想了想,试着问:"是不是勺子?"小林的哭声停了。

小林妈妈拿过欣正在用的勺子递给她,她果然不哭了。原来这个勺子是小林平时喜欢的。

这再次说明,**孩子每个让家长感觉不正常的行为背后,都有一个合理的需求。孩子其实并没有无理取闹,我们家长需要用耐心和细心体会孩子的感受和需要。**

于是我换了个勺子喂欣。喂了一会儿,欣宝要过勺子自己吃了。她一口接着一口,准确地把饭送进嘴里,一碗饭很快就吃完了。这令小林一家人羡慕不已,小林的爷爷、奶奶不停地夸着欣宝。

我说:"其实小林也可以自己吃的。"小林奶奶说小林曾经在1岁左右出现过抢勺子的现象,结果饭菜撒得到处都是,身上、地上都是。全家人一致决定等到小林大一点再让她自己吃。

欣也是在1岁左右出现抢勺子的现象。从欣第一次抢勺子开始,我们就让她想怎么用就怎么用。刚开始欣宝当然吃不好,勺子还没递进嘴巴里,饭菜就撒光了。欣的外公、外婆和保姆陈姨都心疼得不行。我知道他们想要制止欣,就告诉大家:"这是欣在发出'我长大了'的信号。欣的手指已经发展出一定的能力,她也有自己吃饭的意愿,这是个手部精细动作发育的敏感期。咱们可得好好抓住这个机会,给她提供条件,培养锻炼她的能力。只要我们放手,我保证,欣很快就能学会自己吃饭啦。"

于是全家总动员,共创妙招。我给欣围了一个大大的口水兜,外婆在小餐桌和椅子四周铺满了报纸。大家的各种鼓励和赞赏,让欣动力十足,每天的吃饭时间成了她最盼望、最快乐的时间。

这段日子持续的时间并不长，大约一星期后，欣就能自己用勺子准确地把饭送进嘴里。慢慢地，欣可以自己吃大半碗饭了。

当然，我们也遇过不少麻烦。比如欣爱喝汤，她坐在小餐椅上自己吃时，汤常常会洒得到处都是，饭兜也接不住。外婆就发明了一个办法：拿一个大毛巾把欣的全身都遮住，只露出头和手，让她自己随便吃。这下可把欣高兴坏了，她第一次这么装备的时候，一口气喝完了一碗汤。她快活得在椅子上扭来扭去，又要了一碗汤痛痛快快地喝个够。

等欣吃完饭，我们把大毛巾扔进洗衣机，把报纸收走，家里依然干干净净的，全家人都很满意。

欣吃饭已不用我们操心了，她对自己也越来越有信心。到了吃饭时间，她会主动要求我们把她抱到餐椅上，不吃了就要求离开。自从她独立使用自己的勺子吃饭后，我家不再上演追着喂饭的大戏啦。

类似独立自主这样的优秀品质，是每一个家长都希望孩子拥有的。可是优秀品质不会从天而降，它们就像花儿一样，只会在属于孩子的节律中开放。只有家长相信孩子，适时放手，给孩子提供自由成长的空间，品质之花才会在成长的每个阶段顺理成章地依次绽放。

就像欣和小林在1岁多萌发了自己吃饭的需要，我们顺势而为，给他们提供成长的机会，他们就能不断练习自己的能力。最终他们不但发展出独立吃饭的能力，更在这种成功的体验中，埋下了自信的种子。他们会在之后成长的历程中，反复验证：我是可以做到的！

2. 四十片拼图地垫

"妈妈,我的腿痛!"拼完最后一片拼图地垫,欣坐起来,指着膝盖轻轻地说。我拉着她的手教她轻轻揉着膝盖,心中不由得惊叹:整整40片呢! 2岁半的欣一片片地拼好,忘我地工作了近1小时!

趴着,坐着,跪着……在这1个小时里,欣换了各种姿势,却没有放过一片地垫。她不停地尝试,找到一个合适的碎片,仔细地拼好,然后移动一下,再找另外一个,看看是否合适。

有时候,图案实在太复杂了,怎么也拼不起来,欣也会急得哇哇叫:"怎么搞的,这是怎么搞的?"然后喊:"妈妈帮忙!"这时我会引导她，是不是需要换个边试试？是不是要转个方向？是不是换个地方再试？欣努力地尝试着。接下来拼装时，她会先试着转个方向，换个边，都不行再决定要不要另找一片新的。每拼对了一个图案，她就开心得拍拍垫子，再拿另一块来拼。

这时，保姆陈姨在另一个房间大声喊："欣，扯辫子，要洗澡了。"欣像是没听见一样，还在继续拼着。陈姨走过来又喊了一声，欣还是没动。我连忙朝陈姨摆摆手，制止她喊下去。

我悄悄告诉陈姨："不要打扰她，她现在正在专心工作呢。"陈姨点点头，坐在一旁静静地看着。看了一会儿，陈姨忍不住指点起来："换个边，放在那里，不是这里吧……"

我朝陈姨摆摆手，轻声说："陈姨你不要干涉她，不用老教她，让她自己拼。她实在拼不好，会让你帮忙的。"陈姨停住了说话，看欣继续拼。最后她看不下去了，就干脆撤退，留我一人陪着欣。

果然，碰上太难的，欣会请求帮忙。一片，一片，又一片……就这样，40片地垫拼好后，欣才发现自己的膝盖疼了。

看着自己拼好的拼图，欣的兴奋溢于言表。她独自欣赏了好一会儿，然后一边扯辫子一边找陈姨洗澡去了。

从那以后，欣对拼图着迷了好一阵子。对动手类的活动，她也一直保持着相当浓厚的兴趣。而对于喜爱的事情，她总是全身心地投入，并且坚持得很久。比如她喜欢跳芭蕾舞，虽然欣走的不是专业路线，但她从小学一年级开始学习后，一直到高中都没有中断。这种专注和坚持，让她在遇到困难时能咬牙坚持下来。

慢动作、做不好、不会做、反复出错等行为，的确会让家长们看得难受，忍不住想要出手纠正。然而，学会按捺住自己那颗着急的心，深呼吸，停下你的帮助和替代，放手让孩子自己去尝试，久而久之，专注、坚持、毅力等优秀品质，就会悄悄生根发芽。

3. 我会吐鱼刺啦！

欣 3 岁那年，我带她去看望在远方工作的爸爸。我们在爸爸工作单位的食堂一起吃饭，当时餐桌上有她最爱吃的鱼，我帮她选了一块刺较少的肉，大概挑了挑鱼刺，便放在她的碗里，像往常一样说："有刺要吐啊。"欣点点头，认真地吃起来。

"啊，她多大了，会自己吐刺吗？"坐在对面的一位妈妈看了好一阵，忍不住问。

"她 3 岁多了，2 岁左右就可以自己吐鱼刺了呀。"我不以为然地回答道。

"哎！你看妹妹这么小都会吐刺了。你也要自己学着吃！"这位妈妈扭头呵斥身边的儿子。看过去，那男孩比欣大了许多。一打听，他已经8岁了。

我问这位妈妈："你让孩子试过没？"

"没有。"这位妈妈有些无奈地摇摇头。

我笑了，说："他都没试过，当然不会了。其实只要不和饭一起吃，不要说话，小心一点，孩子慢慢能学会的。"

"嗯。"这位妈妈不再接话，自顾自地继续数落男孩的不是。小男孩全程低着头不说话，机械地接过妈妈递过来的各种食物。我发现，每当他想吃什么东西时，也不说话，只是盯着。这位妈妈便会一边念叨着"你要吃就开口说啊"，一边随手帮他夹过去，哪怕是近在眼前的食物也是如此。

我想起了欣2岁多学吃鱼的情景。

一次吃鱼时，欣一直盯着我们帮她挑刺的动作，突然伸手抢过去，自己捏了几下就往嘴里塞。当时把我们吓坏了，保姆陈姨急忙大叫起来，要欣赶紧把鱼肉吐出来。欣摇头不肯，差点都要咧嘴大哭了。

我制止陈姨的动作，轻轻地问欣："你也想这样自己挑鱼刺，是吗？"

"嗯！"欣含着泪看着我。

"好的。刚才我看到你自己挑了一下，可能还有一些鱼刺没有挑出来，如果咽下去会很痛。你用舌头轻轻地碰

153

碰嘴里的鱼肉，如果发现有鱼刺就赶紧吐出来。"

欣动了动嘴，几秒钟后"呸"地一下，把鱼肉吐了出来。

"太好了，鱼刺不会卡到喉咙里了，欣会保护自己呢！"我高兴地表扬欣。

听了我的话，欣高兴得手舞足蹈，表示还要这么吃。我就简单地先帮她挑一下鱼刺，再把一小块鱼肉给她，并且教她感觉到有刺就吐出来。没想到，到了第三次，欣居然直接吐出了一根鱼刺。她高兴地拿给我们看，得到赞赏后，就一动不动地坐在那儿。只见她小心翼翼地动了一会儿嘴巴，很快又吐出了一根鱼刺。

欣又认真地检查了好一阵子，感觉到确实没有鱼刺了，才放心地咽了下去。整个过程中，全家人都屏住呼吸不敢出声，直到看她咽下去没有问题后，才使劲地为她鼓掌庆贺。欣满脸放光，特别有成就感。从那天起，我们感觉到她对自己原先不敢的事情，越来越愿意尝试了。

每一种能力都不会从天而降，孩子们是在反复练习中获得的。我们要做的就是放手给孩子练习的机会，做好保护措施，智慧地进行引导。越放手孩子越优秀，越包办孩子越无能。

这些年我开了上千堂的亲子教育课，在课堂中我会与家长和孩子们讨论如何在日常生活中保护身体的隐私，其中就提到孩子们要学会自己洗澡，自己洗小短裤。在现场调查中我发现，只有10%～20%的孩子能做到。问做不到的原因时，家长们的回答是："孩子不会！"

"不会怎么办呢?"我问。

"我们就帮他们洗啊。"家长们纷纷回答。

"那能不能教孩子们洗呢?"我问大家。

"学不会呢!"好多家长异口同声地说。

孩子们真的学不会吗?曾经有一位家长分享说,她的女儿才3岁,上完课回去,已经能自己洗澡、自己洗小短裤了。的确,上过我的亲子课的孩子们,回去后就开始学着自己洗澡,自己洗小短裤了,家长们常常会兴奋地在朋友圈发照片和视频。

孩子们为什么在一堂课后会有如此巨大的变化呢?我告诉家长们,并不是我的课有多神奇,而是孩子们以前没有机会学习!家长们明白了放手与信任对孩子的意义,给孩子们尝试的机会,孩子们很快就能学会。孩子们在实践中获得了成就感,他们会慢慢变得独立起来,对于其他的事情也越来越有信心去尝试了。

4. 开学第一天，谁更焦虑？

小学开学的第一天，早上闹铃一响，欣就笑着睁开了眼睛。没有像平时那样磨蹭，她很快爬了起来。当了小学生，还真是不一样哟，这么积极主动。

小学离家比较远，我和欣爸商量了一下，决定让欣在学校附近的托管班吃午饭和晚饭，等我下班后再接她回家。考察了好几家后，我们定下了离学校不远的一家托管班，包中午饭及午睡，下午还接欣放学，直到家长来接为止。

毕竟是开学第一天，送走欣后，我心里总有一些说不清的担忧。

按捺不住心中的不安，中午下了班我直奔托管班。一路上忍不住东想西想：如果她觉得这不喜欢那不喜欢，各种不适应，不想上托管班怎么办？我是先自己接几天，再循序渐进地安排她去托管班，还是再在学校周边找找，看有没有更适合欣的托管班呢？

当我走进托管班的时候，我看到欣一只手放在餐盘边上，一只手正拿着勺子往嘴里送饭。当欣发现我时，她居然很吃惊，奇怪地问我："咦，妈妈你怎么来了？"

我没想到欣的反应居然是这样的。她真的是一点都没有盼望我来接她呀！和托管老师聊了一会儿，她们对欣的适应能力和自主能力赞不绝口。她们说，很少见到一年级新生会像欣这样淡定，第一天来就自然轻松，像是已经待了一两年的老生那样。三位老师笑着说："欣妈你放宽心好了。"欣在一旁使劲地催我走，表示一点都不需要我陪。

离开托管班的时候，欣还在继续吃午饭，她嘴里含着饭菜，朝我挥挥手，算是跟我说再见了。走出门的时候，我回头看到其他年级的哥哥、姐姐们有说有笑，欣坐在一旁安心地吃着饭，平静而自在。那一刻我感慨万分：孩子们并没有我们想象的那么柔弱无力呢。同时我也有些疑惑：为什么欣的适应能力总是令我意外？

走在小区的草地上，空气中飘浮着甜甜的桂花香。我突然想到，其实每一个生命本来就有着强大的生命力，孩子们也是如此。他们就像小草小花一样，只要有了自由生长的空间和条件，就能茁壮成长。

原来，之前我的种种焦虑还是源于对欣的不信任。之前我对欣幼升小的惶恐，更多的是我自己对未知的害怕，

157

我把这种害怕投射到了欣的身上。所以我把自己的各种担心转变为欣可能会发生的问题：饭菜不合口，同学不好相处，一个人在陌生环境会害怕，不喜欢某个老师……我却从来没想过，欣是可以适应新环境的，她是有能力去解决问题的。所以我才会如此紧张焦虑。

值得庆幸的是，此时的我已经意识到了自己的问题，虽然我还是控制不了焦虑的出现，但我尽可能提醒自己，不把焦虑传递给欣。

到了下午放学，我还是忍不住抽空赶到学校门口，那里可真是人山人海。托管班的老师很有经验，一下子就把小朋友们都接到了。晚上我和欣爸聊到下午放学接人的盛况，他表示明天有时间去看一下。听说爸爸明天有可能去接放学，欣告诉他："爸爸，你明天就和张老师站在校门左边的店门口就行了，我一出来就可以看到你们的……"欣爸笑着说："你看欣心里清楚着呢，就你瞎操心！"

我的脸一红，中午还在想着要相信欣，这会儿立马现出原形，还是放心不下。哎！明显看得出，短短的一天时间，欣已经能够从容应对放学高峰的情形了。

我想起了另外一件事。

开学一星期，一位妈妈在家长群里说起了一年级的儿子总是眨眼睛。大家给她出了各种主意，看眼科，用特效药，看中医，针灸，按摩，等等。各种方法轮番上阵，没想到孩子的情况却越来越严重了。这位妈妈说，孩子不仅眨眼睛，还出现了抽鼻子的动作，并且频率越来越高，时不时就要眨一下眼睛、抽一下鼻子，全家人都急坏了。

在我的提醒下，这位妈妈发现孩子出现这些动作频率特别高的时候，一般是在写作业和考试前，特别是听写生字的时候，眨眼睛、抽鼻子非常厉害。

"这往往是我们家鸡飞狗跳的时候啊……看来，可能是我们大人的紧张焦虑给他太大压力了。我还一直以为自己控制得挺好，没有把焦虑传给他呢。"这位妈妈在群里写下这样一段话。

在我的建议下，这位妈妈找了一位口碑很好的心理咨询师，给自己做心理辅导。当妈妈调整过来，真正放下了焦虑，家里的氛围也轻松下来，孩子的情况明显得到了缓解。后来妈妈又在心理咨询师的指导下，通过音乐、绘画、舞蹈等方式，和孩子一起做调整，孩子的情况越来越好。到了二年级，孩子的那些症状完全消失了。

想起这些，我不禁感到汗颜。道理我都懂，但事到临头，还是免不了会担忧。我时刻提醒着自己：要把自己和孩子分开，把今天和未来分开，不要再把压力转移到孩子身上了。我们越相信孩子，孩子就会越有自信。

5. 我的作业我做主

说到作业,这几乎是每个家长的椎心之痛,这两年我们听得最多的就是这句话:"不陪作业母慈子孝,一陪作业鸡飞狗跳。"

从第一天上小学开始,欣的作业都会在托管班吃晚饭前做完,回到家就做点自己喜欢的事情,10点前上床睡觉。可是,周末的作业就有各种问题了,她总是一拖再拖。

一年级的时候,这个问题最困扰我们。我们希望她不要把作业拖到周日,不然有什么事情插进来,经常到了周日晚上10点多还在赶作业。可是欣总是一次次拖到周日晚上,欣爸每回都气得哇哇叫,我也烦得不得了，欣同学则是抹着眼泪更加写不完……

我也找欣谈过话，说了许多大道理，比如早点做完作业的好处；也发过脾气；也好言规劝过；还搞过奖惩制度……总之威逼利诱，各种方法统统试过，全部无效！冲突反倒是逐渐升级，甚至有一次欣半夜12点还在哭着写作业，我们差点要把她的书包丢出门外了。

也就是在这个晚上，我突然清醒了。看着暴怒的欣爸，感受着自己烦躁的心情，我在想：作业到底是谁的事呢？本来欣只是偶尔几次做晚了，怎么发展成几乎每次都会做得很晚？事情为什么变得越来越糟糕了？

仔细想想，事情的糟糕程度似乎是我们的强烈反应在一步步推动的。从一开始，我们就没想过欣可以自己安排好作业，我们把自认为"好的、对的"作业时间强加给她，希望她按照我们的要求做，却从来没想过她是不是喜欢这样的安排。

欣说过想在周日做作业，可我们不同意。我还用自以为温柔的方式劝过她。于是无法反抗的欣，不再争取，却在潜意识中用行动来表达。她的拖延行为其实是在告诉我们：我根本不喜欢你们的安排，我真的不愿意！可是我们完全没有意识到这是欣的心声，我们以为她在故意对抗，故意不听话，于是就用更强势的方式逼她就范……如果我们继续下去，欣会不会也要用身体的疾病来表达自己的意愿呢，就像那个眨眼睛、抽鼻子的男孩？想起来我一阵后怕。

我拦住了暴怒的欣爸，告诉欣我们不催她了，让她自己安排好时间。那一晚，不知欣是几点睡的，总之作业她还是按时交上去了。

接下来的一周，我们找了一个轻松愉快的晚上，开了一次家庭会议。

在这次家庭会议上，我向欣表达了歉意，之前不应该强迫她按我们制定的时间写作业。我告诉她："我和爸爸相信你能好好安排自己的时间，作业是你的事，时间也是你自己的。周末作业你自己决定什么时候写，我们只负责提前告诉你周末已定好的事情安排。"

欣有些半信半疑，不过还是高兴地和我们商讨计划。我们帮她做好了记录，列了计划表，她贴在书桌旁。

接下来的日子果然变得无比轻松。我们不再干涉欣的作业时间，她按自己的想法安排时间。计划执行起来并不容易，有两次欣周日晚上赶作业到很晚，那之后欣就把作业时间固定在周六上午了。

从那以后，欣对自己的事情越来越有规划，到了初中后更是为了实现目标，做足了长远规划。初一下学期她喜欢上了cosplay（角色扮演）。除了研究cosplay，她还萌发了去日本上大学的念头。她让我帮忙下载了学日语的软件，开始自学日语。初二暑假时欣报了日语班，初三暑假更是报了一个专业的日语学校，并和老师一起制订了考日本大学的三年学习计划。

欣以后的路到底能走到哪儿，在我们看来并不重要。重要的是欣在制定计划、执行计划的过程中，学会了为自己的人生承担责任。

从欣的经历中，我深深体会到了放手的意义：**信任，能激发出孩子自我成长的能量。给孩子决定的自由，他们会全力以赴，为自己打造更为广阔的世界。**

第九招　及时的肯定和鼓励

放下惩罚

用鼓励替代表扬，让依赖变成自信

滋生出内在力量

将会激发潜能和创造力，战胜层出不穷的困难

抠鼻子

一天，我听见外婆和欣的对话：

"我打你的手没有？"外婆问。

"打了。"快3岁的欣回答道。

"为什么打呀？"外婆问。

"我抠鼻子了。"欣老老实实地回答。

"那你还抠不？"外婆追问。

"不抠了。"欣点着头说。

外婆听了很高兴。过了一会儿，保姆陈姨在家里到处找不到欣，感到很奇怪，大喊："欣，你在哪里？"

"我在这里，我在这里抠鼻子。"欣的声音不知从哪儿传过来，闷闷的。陈姨循声找过去，发现欣正躲在房间的门后面，抓紧时间抠鼻子。这情景让人看了又好笑又心疼。

吃饭时我问外婆："你今天打了欣的手？""是呀！"外婆得意地说，"我打了她的手，她说再也不抠鼻子了。""你知道她答应完了又干了什么事？"我问她。"什么事呀？"外婆一脸茫然。

"她躲到门后面去抠鼻子了。"我和陈姨一起说。

外婆惊愕不已，问欣是不是这么回事。欣点点头。外婆很是泄气，焦急地说："这怎么办，她怎么就改不了抠鼻子呢？"

我和外婆分析："看起来打手是完全没用呀。惩罚这个办法只有一种结果，就是逼着孩子偷偷摸摸地继续完成没有做完的事情，他们心里还会盘算着'下次绝对不能让人抓到'。

"越压制就会越强化，会让孩子把精力全部集中到这件咱们大人不想发生的事上。

"对于欣来说，她本来是鼻子痒的时候才抠抠，抠完了也就没事了。现在好了，因为她总是被打断，被提醒，这抠鼻子反倒成了她总惦记的事。她总觉得这件事没完成，总要找机会去抠。再这样下去，以后有可能会变成强制性的习惯了。你看看她今天抠鼻子抠得多厉害，鼻子都红了。这就是她躲在门后使劲抠的结果。"

外婆急了，大叫道："那怎么办，就让她抠？多难看呀，鼻子抠烂了怎么办！"

我说:"看到欣这么抠鼻子,你很着急吧!还担心她会养成不好的习惯,把鼻子抠烂了,是不是?你很想让欣赶紧改掉这个习惯吧!"(感受外婆的感受,理解她的需要)

"是的,又不能打她手,你说怎么办啊?"(因为感到被理解,外婆没有觉得自己被否定,很愿意听我的建议)

我给外婆提了个建议:"你可以告诉欣,一个人的时候才可以抠鼻子,抠完了就停下来。这个概念她也许一时记不住,没有关系,你只要在她抠鼻子时提醒就行了。是提醒她不要当着别人的面抠,而不是说不能抠。

"其实想想,这鼻子痒,和身上哪个地方痒一样,不都是很正常的事嘛,实在痒了想抠了怎么办?咱们还是得抠抠挠挠的呀。我们要尊重欣的这个本能的需要,可以告诉她应该在什么情况下做。比如告诉她不能当着别人的面抠鼻子,否则不礼貌。您觉得这样做怎么样?"

外婆有些迟疑地点点头,表示同意。她打算下次再看到欣抠鼻子,就用这个方法试一试。

晚上欣躺在床上听故事时,哼出来一些清鼻涕。我刚帮她擦掉,她的小手就伸到鼻子里抠起来。我停下故事,问她:"欣,抠鼻子的时候要怎么做呢?"

"要一个人……妈妈你走吧,你出去吧。"欣突然想起来,挥手要我离开房间。我边走边叮嘱她:"抠完了就喊妈妈回来讲故事。"

我刚走出去没几步,欣在那边喊:"妈妈来,我抠完啦!你快来讲故事……"

当我回到房间，欣已经自己找了张餐巾纸正擦着手呢。我高兴地说："你已经知道抠完了就停下来了，还会自己找纸把手擦干净啦，你可真了不起！"

从那天起，欣很少会在有人的地方抠鼻子了。偶尔忘记了，只要一提醒，她就会主动到自己的房间里去抠一下，很快又出来玩了。这个时候，我们都会及时赞扬她的行为，鼓励她继续这么做。没过多久，欣抠鼻子的行为就消失了。

外婆和陈姨觉得很惊奇。我告诉她们，因为放弃了惩罚这个手段，欣不再把精力特别投注在抠鼻子这件事上。在欣做得好的时候，我们也不是简单地表扬她做得好、很棒，而是对她做的事进行具体的正向鼓励，她的正向行为得到了肯定和鼓励，她会更加自信，相信自己能做好，所以乐于主动改变自己了。

有些家长也许会觉得困惑，表扬和鼓励到底有什么不同呢？

斯坦福大学著名发展心理学家卡罗尔·德韦克和她的团队曾做过一个"表扬与鼓励"的实验。他们对纽约20所学校共400名五年级的学生做了长期的研究，结果令学术界震惊。

他们把同样出色完成拼图测试的孩子分成两组，一组得到的是智商夸奖，即表扬，比如："你在拼图方面很有天分，你很聪明。"另外一组孩子得到的是关于努力的夸奖，即鼓励，比如："你刚才一定非常努力，所以表现得很出色。"

在接下来的测试中，得到表扬的孩子大部分选择了难度较小的任务，得到鼓励的孩子有90%选择了难度较大的任务。同样受到挫折时，获得表扬的那一组一直很紧张，失败后非常沮丧；获得鼓励的那一组则努力用各种方法解决难题，认为失败是因为他们不够努力。在第四轮与第一轮同样难度的测试中，被夸努力的孩子分数比第一次提高了30%左右，而那些被夸奖聪明的孩子却退步了大约20%。

德韦克博士认为："鼓励，即夸奖孩子努力用功，会给孩子一种可以自己掌控的感觉。孩子会认为，成功与否掌握在他们自己手中。反之，表扬，即夸奖孩子聪明，就等于告诉他们成功不在自己的掌握之中。这样，当他们面对失败时，往往束手无策。"

所以，表扬关注的是孩子的外在，可能会让他们产生依赖，总是寻求别人的认可。鼓励则会培养孩子的内在力量，让他们对自己充满自信和力量感。

2. 我要自己刷牙

3岁多的欣已经会自己刷牙了,看起来是一件令人羡慕的事情。其实,这也是有一个过程的。

欣还是婴儿的时候,是以喝水当漱口的。等欣的牙齿长出来后,我们用过那种软软的指套牙刷。等她再大一点,就改用儿童牙刷刷牙了。

以前是保姆陈姨每天帮欣刷牙。有一个周末,我起床后开始刷牙,欣瞧见了,把手中的玩具一扔,跑过来看。看着看着,她突然搬了个小板凳站在上面,凑到我的面前继续看。为了让她看个够,那天我花

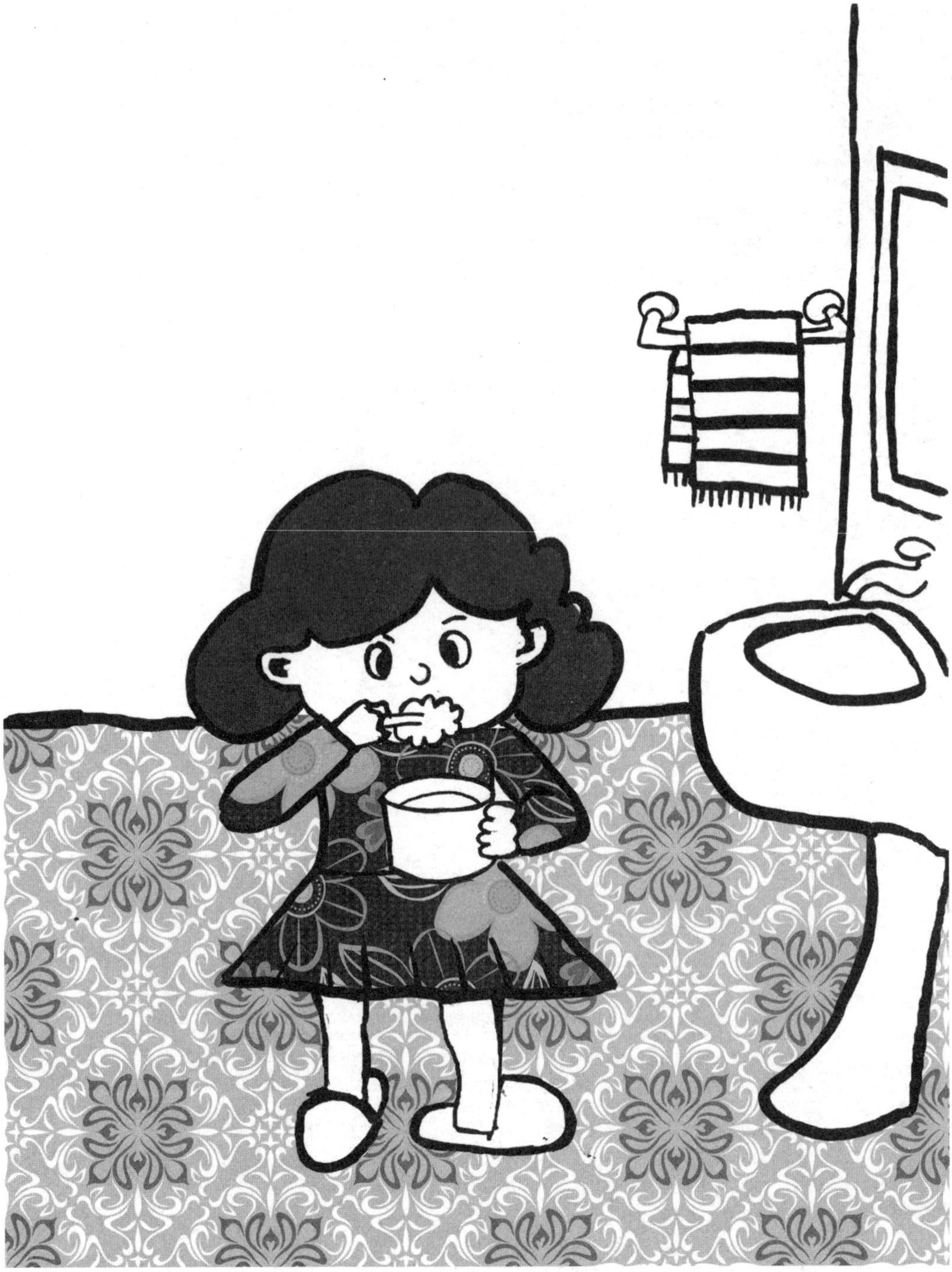

了比平时多两三倍的时间刷牙。

欣见我刷完了，强烈要求自己也要刷一次。于是我帮她倒好水，给她拿个大脸盆放在地上。我正准备帮她挤牙膏，她坚决不同意，非要抢过来自己挤。欣一使劲，挤出来的牙膏有一半掉了下来。

我笑着说："没关系啦。欣你看看，你会挤牙膏了。"欣仔细看了看，高兴地说："我把牙膏挤好了！""是的，你把牙膏挤好了，可以开始刷牙了。"我也笑着点点头。

确认了自己做得挺好，得到鼓励的欣兴致勃勃地刷起了牙。一边刷，一边还嘀咕着："里面一点，左边一点，右边一点，上边一点，下边一点……"动作比《我要刷牙》那本故事书里讲的还齐全。

很厉害的小妞，她把我刚才演示的那一套全部照搬过来，还会"咕噜咕噜"地漱口吐水呢。最后刷完了，她得意地说："我是大姐姐了，我要自己刷牙。"

"欣，你真棒啊，好能干啊！"陈姨在一旁给了她大大的表扬。欣听了很是高兴，咧着嘴开心得直笑。

"是的！欣你3岁就会自己刷牙了，真是长大啦！你还刷得这么干净，妈妈实在太惊喜啦！"说完，我大大地亲了她一口。

欣高兴地大叫："妈妈，明天我还要自己刷牙，后天也要，以后都要！"

明显看得出来，陈姨常规的表扬让欣比较开心，而我对她能力的肯定，让她感受到了自己的力量，她对自己能做好刷牙这件事产生了极大的自信，这个自信让她有了动力。所以她主动提出之后都要自己刷牙。

　　当我们要赞赏孩子的时候，可以先思考一下：接下来要说的话，是针对结果或成效做评价的表扬，还是让孩子感到成功源于自己的努力，针对过程和态度的鼓励呢？

　　当然，欣学习自己刷牙并不是一气呵成的，期间也出现过各种状况，比如说吃过牙膏，吞过漱口水，等等。每一次出状况，我们都表现得很淡定，并没有对她的错误大惊小怪，更没有责备她。我会让欣先试一试，和她讨论这么做的感觉，然后引导她发现这种感觉并不好受，下次怎么做可以避免。

　　从此，在刷牙这件事情上，我们就比较省心了。

　　在这里我给大家推荐一部动画电影：上海美术电影制片厂的《小红脸和小蓝脸》。欣自从看了这个动画片后，每天刷牙更加主动认真啦。

3. 不愿意就大声说出来

周五的家园联系表上，幼儿园老师写下了这样一段话：

> 欣欣已经逐渐学会说"不"了。一次一个小朋友被另一个小朋友惹哭了，欣欣走过来对哭鼻子的小朋友说："你可以推开他，也可以对他说'请你不要这样'！"当然，这是发生在其他小朋友身上，如果是发生在自己身上，欣欣也一定会处理好的，对吗？

读到这一段，我心里很是感慨，没想到快5岁的欣有一天居然会跑去指导别人怎么应对攻击。之前的欣很不愿意表达自己的想法，以上类似的对话，是我们经常在家做的练习。在这个过程中，欣每一次的表达，我们都会及时给予鼓励。

一天下午，我们又在幼儿园的操场上实践了一回。

欣穿了一双好看的凉皮鞋，同学小D特别喜欢，性格比较强势的小林就要欣和小D换来穿。欣刚开始不肯，可是耐不住小林和小D两人在一旁劝说，半推半就中被小林给强行换了去。看到小D穿上自己的鞋后，欣突然不干了。

欣叉起腰，气呼呼地大叫："我不要穿你的鞋，我要穿自己的鞋子！"小D这时却不肯换回来，两人一时僵持不下。小D妈妈走过去想劝小D换下欣的鞋，小D坚决不愿意，大哭起来。

我也跟着过去，问欣："你愿不愿意穿小D的鞋子？"

"我不愿意！"欣急得哇哇叫。

我点头说："很好，你不愿意能够及时说出来让别人知道，没有委屈自己，这是非常有用的。小D现在知道了你的想法，但她暂时还是有些不愿意。你打算怎么办呢？"

"我还要和她说！"欣一边说"小D，我要穿自己的鞋子"，一边蹲下来去脱小D脚上自己的鞋子。我赶紧走过去护着她俩，防止她们摔跤或受伤。这时，小D妈妈也差不多把小D劝好了，小D顺势将脚上那双属于欣的鞋子脱了下来，欣也把脚上属于小D的鞋子还了回去。两个人又开心地跑到一边玩去了。

晚上聊天时，我忍不住告诉欣："妈妈今天很高兴。"

"为什么呢？"欣还一头雾水呢。

我说："你今天被小D换了鞋子不愿意，没有像以前那样哭，也没有赌气走开，而是说出了自己的不愿意，努力去争取换了回来。妈妈觉得你非常勇敢、非常主动，所以妈妈特别开心。"说着，我搂着她使劲亲了一口。欣高兴地用力点头："嗯，我不愿意就是不愿意，我就是要要回来！"

> 美国斯坦福大学卡罗尔·德韦克博士的"表扬与鼓励"的研究实验，再次证明了阿尔弗雷德·阿德勒数年前的理论：赞美对孩子并无益处。而欣的表现也从一个侧面验证了鼓励的重要作用：当面临选择的时候，那些经常被鼓励的孩子更愿意选择具有挑战性的任务，也更有自信为自己争取更大的利益。

4. 表扬，是为了谁？

刚上一年级的欣开始有作业了。她追求完美，总是写了擦，擦了写，总说自己写不好，后来在我的鼓励下最终完成了作业。可是，周一老师发的家校通作业表扬名单里并没有她。我反复找了几遍还是没找到欣的名字，犹豫了一下，心中不忍，在给欣读表扬名单时，故意加上了她的名字。欣开心地笑了，欣爸却皱着眉头表示不赞同。

晚上聊天时，欣爸责怪我不应该这样弄虚作假，我有些心虚，却又嘴硬，我说："我这么做是为了鼓励欣，虽然她一直喊写不好，但还是哭着写完了，我觉得她应该要得到表扬。"欣爸认同欣应该得到表扬，但不赞同我故意在表扬名单里加上欣的名字。

和朋友聊起这件事，她的一番话令我汗颜。

她说："我也不赞同你的方式。是否一定要获得表扬呢？这个问题你得观察欣的想法。你有没有表扬她，家校通里的表扬有没有她，不一定是她所在乎的。就算她在乎，也不是每次都能如愿。你过于重视这些表扬，就会让她也重视这些表扬。"

我感到有些委屈："我又没打算次次都在表扬名单里加上她的名字。"朋友说："有你的鼓励就足够了。老师有可能在课堂上全体鼓励过了，再特别表扬一下少部分人。要是你当老师，你也会这样吧？你得做个诚实的妈妈，她才会是个诚实的宝宝呀。你这样做真的是为她好吗？"

我突然明白过来，原来，想要得到表扬的那个人其实是我，而不是欣啊！从小，我为了能得到更多表扬，不知从什么时候起扮演了一个"讨好者"的角色，总是寻求着别人的认可。当我得不到想要的表扬时，就会不自觉地贬低自己，觉得自己不够好，甚至觉得自己很糟糕，并因此而沮丧。因为害怕出错，我总是不敢轻易地尝试，这让我失去了许多宝贵的机会。

我的这个弄虚作假的行为，其实并不是在保护她。这么做降低了她的内在力量，破坏了她对自我的判断和掌握能力，也破坏了她建构自信的能力。我决定以后再也不乱加表扬，胡乱鼓励了。

第二天家校通的表扬名单里，真的有了欣。欣得知后也只是高兴地笑笑，并没有什么特别的反应。接着她就一脸平静地继续翻着手中的书，琢磨着她的迷宫。

看得出来，欣对表扬并不在意，也没有特别的渴望。很多时候，我为欣争取的，根本就不是她在意的。我所做的，原来只是为了弥补我自己。对于欣来说，鼓励她努力的过程，可能比她得到表扬这个结果更重要。

我再次提醒自己要时刻保持警醒：我所做的那些事，真是欣需要的吗？表扬，是为了谁呢？

5. 差点忘记的听写测试

一天晚上,三年级的欣已经上床准备睡觉了,忽然听到她大喊:"妈妈,怎么办,怎么办?"我连忙跑过去一看,欣都快哭出来了:"妈妈,明天要听写第三单元的读读背背,我忘记了……"

"那你想怎么办呢?"看着一脸眼泪的欣,我有些心疼了。

"我不知道。"欣难过地继续哭。

"你觉得自己可能会听写不出,所以很着急吧,都急哭了。你是不是很想先在家复习好?"(理解她的感受,找到她的需要)

"是的,我想先默写出来。"欣的情绪平静下来,也理清了自己的想法。

"你是想先睡觉，明天早点起来听写，还是想现在就听写呢？妈妈一定会陪你的。"

"我不知道，我想睡觉，可是我怕明天听写不出来！……"欣哭得更凶了。

"那你想想吧，要么现在睡，要么现在妈妈陪你听写。哭完了你再想想？"我其实很想说：人生没有纠结，唯一解决的办法就是做出选择，不然只能一直卡在纠结中。当然我不会说了，我不要做啰嗦妈！于是话到嘴边又被我硬生生吞了下去。

欣又是一通哭泣。我理解她这时是非常着急的，并不急着制止她。果然，不一会儿，欣释放了焦虑情绪，平复下来，主动说："我要现在听写。"

"好的。"我欣然同意。我轻轻地抱了抱她，温和地说："你为了明天能全部听写出来，这么晚了还打算复习，你对自己很负责呢。咱们就按平时的方法来，听写不出的地方先空着，多听写几遍就能全对了。"

"嗯！妈妈快点开始吧！"欣迫不及待地想开始了。刚才哭得痛快的欣，这会儿安静下来。她坐在床上拿着笔刷刷写着……

从欣拿笔写字到睡下，这中间也只不过用了七八分钟的时间。当然前面欣用痛哭来释放情绪也是非常重要的，情绪平静下来，孩子才能找出解决办法并为之努力。这时家长再及时给予理解和鼓励，他们就能充满自信，相信自己可以解决，于是愿意主动迎接挑战。

许多家长在听写这件事上，习惯让孩子抄写十遍、二十遍，甚至几十遍。其实这样做反而会让孩子很厌烦，生出抵触情绪。孩子们只顾着赶紧完成任务，没有精力去发现自己错在哪里，为什么会错。往往抄得越多，孩子错得越多。还有的家长在孩子写不出时，逼着他们使劲地想，想不出就不耐烦地责骂。却不知在这个过程中，孩子已经陷入恐惧中，完全没有精力去思考了。不如让孩子多看几次，对错误或不会的内容有针对性地多抄几次。在这种轻松的环境中，孩子们反而能记得又快又准。

第二天放学，欣得意地要我看家校通，嘿嘿，全对的人里有她。我高兴地肯定她的行为："欣，你昨晚都已经睡下了还爬起来复习，这个努力很有成效呀！我真是为你感到自豪。"

6. 真心的表扬

早上我看了一眼欣的古筝笔记本，深深被古筝老师姜老师的留言感动，在她的身上，我看到了什么叫"真心的表扬"。

姜老师从第一天上课开始，就让欣准备了一个本子，每次下课她会在上面写下许多记录。不知别的老师是怎么教小朋友的，我在欣的古筝记录本上看到的是姜老师的良苦用心。

姜老师每次的记录分为三个部分。第一部分是"回课"，内容是对在家练习的总结，第二部分是"新课"内容，第三部分是"作业"。特别是第一部分的"回课"，让我感受到了姜老师真心的表扬。

第一次：表扬　指法和手形都进步了，曲子熟练，稳定性也很好。弹勾托时手指打开，就不会往后移。

第二次：表扬　手形和力度有进步，手没那么移动了，固定一些了，练习时还要注意体会。

第三次：表扬　上节课的作业完成得很好，基本功有进步，曲子熟练程度好多了，坚持练习。

我们家长总觉得，批评能让孩子得到正确的引导，却不知这样做往往给孩子带来精神上备受折磨的自卑和自贬。

我以前有心学过很多表扬方式，可是真到了要表扬时总觉得词穷，总是那么干巴巴的几句话。我仔细体会了姜老师的表扬，发现她每次都中肯且到位地说出了欣同学的具体变化，有时欣只是小小的一点点进步，她也敏锐地发现了。在这些表扬中，姜老师并没有对欣进行个人评价，她所提到的都是对细节和过程的认可与指导，这不是单纯的表扬，这是用心的鼓励。

我想，平时我的"干巴巴"是因为我是为了表扬而表扬，往往只有单纯的几句"你真棒""你好厉害"，这些以人为目标的表扬只有评价，并不能让孩子发现自己的力量。当我们用心去观察和体会孩子的努力细节时，我们就可以发现那些具体的变化，从而由衷地鼓励孩子的努力付出。所以，我们要鼓励的是行为，而不是行为者。

出发点不同了，给孩子的表扬、鼓励就会截然不同。

以接纳包容的态度去看待孩子，不仅家长能自信、平静地解决问题，孩子也能获得更多的力量。即使孩子们未来可能会遭遇挫折或失败，他们也不再惊慌失措，而是自信满满，相信自己有能力解决。

　　随着孩子的成长，他们会逐渐内化父母对自己的态度，将这种态度转为自己性格中的一部分。在以后的工作和生活中，不论出现了什么问题，他们对自己，都会像父母曾经对待自己那样：温和接纳，不急不躁。当我们放下惩罚，用鼓励替代表扬，让依赖变成自信，孩子们也将滋生出内在的力量，激发出潜能和创造力，战胜未来路上一个又一个层出不穷的困难。

第十招

突破困难积累自信

别人吃过的饭
永远填不饱自己的肚子
别人给的建议
无法成为自己积累的经验

1. 在试错中建立自信

"妈妈，这个是纸的还是塑料的呀？"4岁的欣举着一张塑料薄膜问我。得到我的回答后，她点点头说："塑料不会泡烂，纸的会泡烂！"然后一脸老练的样子，把手中的塑料薄膜往水里一放，玩了起来。这个经验的得来，可是付出了一些代价的。

那天从课外班回来后，欣说要做家庭作业，然后在家里到处找东西。一不留神，她拿了一张餐巾纸说是作业纸，往水池走去。保姆陈姨赶紧拦住她，告诉她："这个纸不一样，教室里那个作业纸是塑料的，不怕水，这个不能蘸水的。"

欣不肯听，径直往洗手台走去。一会儿，她干脆爬上洗手台放了一池的水，把手里的餐巾纸往水里一放，拿块小布哗哗地擦。陈姨急得边说边去捞，我拦住了她，示意陈姨不要阻碍欣的体验。

我和陈姨做自己的事去了，欣一个人在那里玩。过了一会儿，就听见她大声喊："妈妈，妈妈，烂了！烂了！"我赶紧过去，只见洗手台里一池的碎纸屑，欣忙着这边捞捞，那边捞捞，怎么也捞不出来了。

我问她："作业纸呢？""烂了！"欣抬起手中的碎纸屑给我看。"怎么会烂呢？"我明知故问。

"我放在水里，用这个擦，就这样……烂了！"欣举了举小布片，又把手伸到池子里，沮丧地说。"你知道它为什么会烂吗？"我提醒欣。

欣摇摇头。

我告诉她："纸放在水里会泡坏的，所以就烂了。"

欣抬头看看我，再看看一池的水，又拿手去捞碎纸末。一边捞，一边念叨着："会泡烂的，会泡烂的……"趁着欣捞得起劲，我让陈姨帮忙找来了一张塑料纸。欣把这张塑料纸放进水里，等了好久它也没变烂。欣很是惊奇，大叫："啊，没有烂，没有烂！"

"是的，这是塑料纸，不会泡烂的。"我在一旁赞同她的发现。欣很兴奋，又拿了几张餐巾纸放进水池中，看着它们变烂。然后她又把塑料纸放进水里，混在一起玩。

之后遇到各种材质的纸时，欣都要问问，这个会不会泡烂，那个会不会泡烂。每当这个时候，我们都尽可能让欣自己去试。成长就是由无数个试错组成的。在成长的过程中，欣带着好奇对不同的事物做各种尝试，她对自己能力的信心也在尝试中慢慢建立。

很多疼爱孩子的家长，往往希望孩子不要走弯路，既心疼孩子在那些弯路中经历磨难，又害怕那些弯路浪费了宝贵时间，恨不得把自己的经验或是成功之路一股脑儿塞给孩子。但是他们却忘记了"失败乃成功之母"这句名言，没有了失败的体验，哪来成功的经验呢？不尝试，孩子得到的不过是别人的经验，而不是自己亲身经历得到的经验。

有句话这样说："不让自己羞愧的原型，不是好原型。"从设计产品的角度理解，这句话的意思是说不用把时间浪费在推测中，要敢于去试错，在错误中发现问题的关键，然后去做产品的迭代。而从养育孩子的角度理解，我们要允许孩子犯错。错了，也没有关系。我们要做的，就是和孩子一起去寻找错误产生的原因，一起找到解决方案，争取下一次做得更好。在这个过程中，孩子也会因为用自己的力量突破了困难，自信心不断强化。

著名心理学家李子勋老师在《陪孩子长大》[1]一书中分析说，很多家长试图提前让孩子知道更多正确的行为方式，并天真地以为孩子被告知以后就应该记得。遗憾的是，这个时候孩子的记忆更多指向父母的情绪，很少关注父母的言语，更少关注父母的价值标准。

很多时候，不是自己亲自体验得到的，就无法理解。很多路，不走不行。很多人会在某个时刻发出感慨：当年父母说得多对呀，我怎么就没理解呢？家长吃过的米饭，孩子是无法填饱肚子的。只有亲自体验过，那些经验才能成为我们自己的成长营养。

---

[1] 李子勋.陪孩子长大：李子勋亲子关系36讲[M].北京：中国广播电视出版社，2006.

2. 突破自己，大胆尝试

进入幼儿园，欣的认真出了名。这个特质让4岁的欣获益良多，因为认真，所以专注，因为专注，所以做事投入，效率也很高。可是这个认真也给我们带来了困扰。对于未知的事物，欣大多不愿尝试。没吃过的零食她不要吃，没看过的动画片她不想看，没做过的事她害怕去做，不爱主动回答问题，不愿主动尝试，到了新地方慢热……

我也有过犹豫：欣的性格会不会让她在成长的过程中失去很多机会？顺其自然吧，也许会错过许多人生乐趣；出手干预呢，会不会对欣产生什么影响？带着这种前怕错后怕过的心态，我暗中观察着。

渐渐地，对于欣的内向慢热不主动，我释然了。如同硬币的两面，认真专注的人，必然会仔细观察认真体会，不轻易尝试新鲜事物，这其实也能帮助她更稳妥地做决策。这两面都是欣的特质，都是属于她的财富呢。除了顺其自然，我们还可以帮助、引导欣不断有新的发现，在新发现中体验积累新的经验，然后做出新的行动。

我们静心等待着欣的能力慢慢增强，并且在生活细节中创造各种机会。比如我们会带欣骑着小单车一起出去买东西，到了大门口，让欣自己把小单车存到保安处。

刚开始欣不说话，只看着我。我鼓励她试一试，欣便用小小的声音跟保安叔叔说了一遍。我朝她竖起大拇指，高兴地说："欣你很勇敢呀，说得真好，声音很清楚呢！"欣开心得直点头，又有些小紧张地看着那位保安叔叔。保安叔叔人特别好，他耐心等着欣小声说完后，才高兴地说："好呀，你放在那儿吧，叔叔帮你看着。"

到了第二次，欣只犹豫了一小会儿，就鼓起勇气去跟保安叔叔说，再次得到了保安叔叔的同意。这样试了几次后，欣每次都会主动去跟保安叔叔说，声音一次比一次大。到后来，她会大声喊："保安叔叔，我把车子放在这儿，等下来拿！"声音又甜又亮，把保安叔叔乐得合不拢嘴。

有时候欣在院子里玩，会遇到一些哥哥、姐姐们坐在秋千上面说话。有一天，欣拉着我的手，大声喊："姐姐！姐姐！把秋千给我玩可以吗？"

人家没听见，她有些着急，我鼓励她："你看那个姐姐好像在听你说话了。你的声音可以再大一点。"欣又大叫:"姐姐!姐姐!把秋千给我玩一下,可以吗?"这下几个小哥哥、小姐姐都听见了,有一个小姐姐把秋千让了出来。欣再接再厉,又为好朋友争取到了另外一个秋千。

我心里那个高兴哟……等了好几年,终于等到这一天了。欣在我们的陪伴下,一次次尝试着突破自己。她在一次又一次的突破中获得了成就感,她的行为越来越主动,也越来越自信。

在我们的陪伴下,欣按照自己的节奏方式练习应对那些新鲜的事情。她一次次地找到尝试突破后的收获,在和她反复讨论强化的过程中,她逐渐发现突破自己的好处,开始有意识地做出一些调整了。

其实,孩子是什么性格并不会给他们带来痛苦,给他们带来痛苦的是父母对不同性格的概念化认知。比如,人们通常会认为内向的性格不好,慢热的人容易吃亏,等等。这些认知促使父母不断地想要改变孩子,从而与孩子的现实情况发生冲突。这些冲突不但给父母带来挫败感,也令孩子对自己感到不满和内疚,觉得自己无法满足父母的期待和需要,给他们埋下自卑的种子。

在面对欣的性格带来的两个极端时,我最终坦然接受。不一定要改变她的这种性格,但是我尽量给她提供不同的选择,某个时候她能想到还可以用不同的方式试一试。

信任、放手、鼓励,是我这个阶段的引导方法。

3. 泪水浸着"努力的能力"
——遭遇写字的问题

周末,欣的作业挺多,加起来一共有108个字要写。如果按正常速度,估计半小时能做完,问题出在一年级的欣是完美主义者。

"四"字昨天时间充裕,已经写了一排,欣有了经验与信心,很快就写好了。可是从"五"字开始就不行了,欣一直觉得写得不满意,急得直掉眼泪。我建议她像写"四"一样,写完后再找几个写得不好的擦掉重写,她坚决不肯,写一个哭一个。实在写不下去了,她把我在旁边准备的白纸都划烂了,还狠狠地撕了一通。

看她发泄得差不多了,我告诉她:"你为了写好这些字,已经非常努力了，有几个字写得非常好呢。妈妈小时候刚学写字的时候也写不好，因为没写过嘛，后来越写越好了。"

欣得到鼓励，提笔又写了几个字，没想到又有一个没写好，急得再次大哭，笔也掉在了地上。欣爸在一旁有些看不下去，差点要发火，被我拦住了。我解释说："欣是因为不顺利而难受的，她太想写好了。她现在的哭闹，是在宣泄情绪。"

我努力深呼吸，让自己平静下来。我判断欣确实不是因为作业多受不了，而是因为要求完美所致。于是我忍住想让她放弃的冲动，坚定地陪在她的身边。

很快，转折的时机出现了。

虽然一直在哭，欣似乎也感受到了我的鼓励，她边哭边挪动椅子，把掉在地上的笔捡了起来。我高兴地大声赞赏："欣你捡到笔了，你一直非常非常努力，你是有力量的！"欣仿佛感受到了自己的力量，点了点头，转身又开始写字了。

写了几个字，她再次因为写得不好而情绪崩溃，边哭边嚷："我永远也写不好这个字了！"我轻轻拍着她坚定地说："妈妈知道你现在很着急，因为你太想写好了。妈妈相信你一定能写好的。你看，这个字就写得挺好，咱们画圈表扬一下，就照这个写。"

欣照着写了几个，自己觉得其中有个写得不错，画了个圈。突然，她很是惊喜地说："只剩一行了！"我也替她高兴："是的，只有一行了！"然后我起身出去，与她约好："这一行不管写得好不好，都要写完。写完后再擦掉一个最差的。"一会儿欣喊我过去，原来最后一行写好了，她圈了一个擦了一个。

欣满意地看了半天，才慎重地把作业收进文件夹，放进书包。我与她相拥祝贺。

这次，她不是因为写作业而哭闹，而是因为太想做好的期望没能达到而感到着急痛苦。但如果我对她发脾气，留给她的就是写作业的痛苦经验了，之后有可能会越发不喜欢写作业。我坚定地陪伴着她战胜困难，她获得的就是努力和勇气，最终战胜困难后获得了成功经验，以后再遇到困难时，就不会轻易地放弃。这种克服困难的韧劲就是"努力的能力"。

后来我读了许多心理学方面的理论书才明白，写字主要依靠小肌肉的精细动作，儿童手部精细动作的初步发展应该是7岁以后。如果过早地严格要求，过多地批评，孩子会因为达不到目标反复受挫，从而产生畏难情绪。

所以，要想让孩子对写字有兴趣，家长可以想办法让写字与快乐的体验结合起来。家长可以根据孩子自身的兴趣特点来构建这个联系，比如我会把欣写得好的字圈出来特别表扬，或者把孩子自认为写得好的作品贴出来欣赏。总之要让孩子觉得写字这件事很有成就感，很快乐，他们就会主动而积极，甚至在遇到困难时也愿意去尝试、去突破。

4. 哭着也要自己走下山

我和同事朋友们一起去井冈山游玩，带上了一年级的欣同学。到了井冈山，我们上午跟着导游在山上看了一通碑林，又参观了博物馆，所有的人都累得迈不开脚了。中午吃饭的时候大家东倒西歪，我连5分钟的路都不想走了，直接在饭厅靠着椅子睡着了。上午累得一直嘟着小嘴的欣同学，居然兴致勃勃地与丹丹姐姐疯玩了一中午。

下午2点，队伍准时出发去看瀑布。

要看五个瀑布，可以选择乘坐缆车上下，也可以先坐缆车下去，再爬上来，或是走下去再坐缆车上来。我们本来不想爬山，可是想想

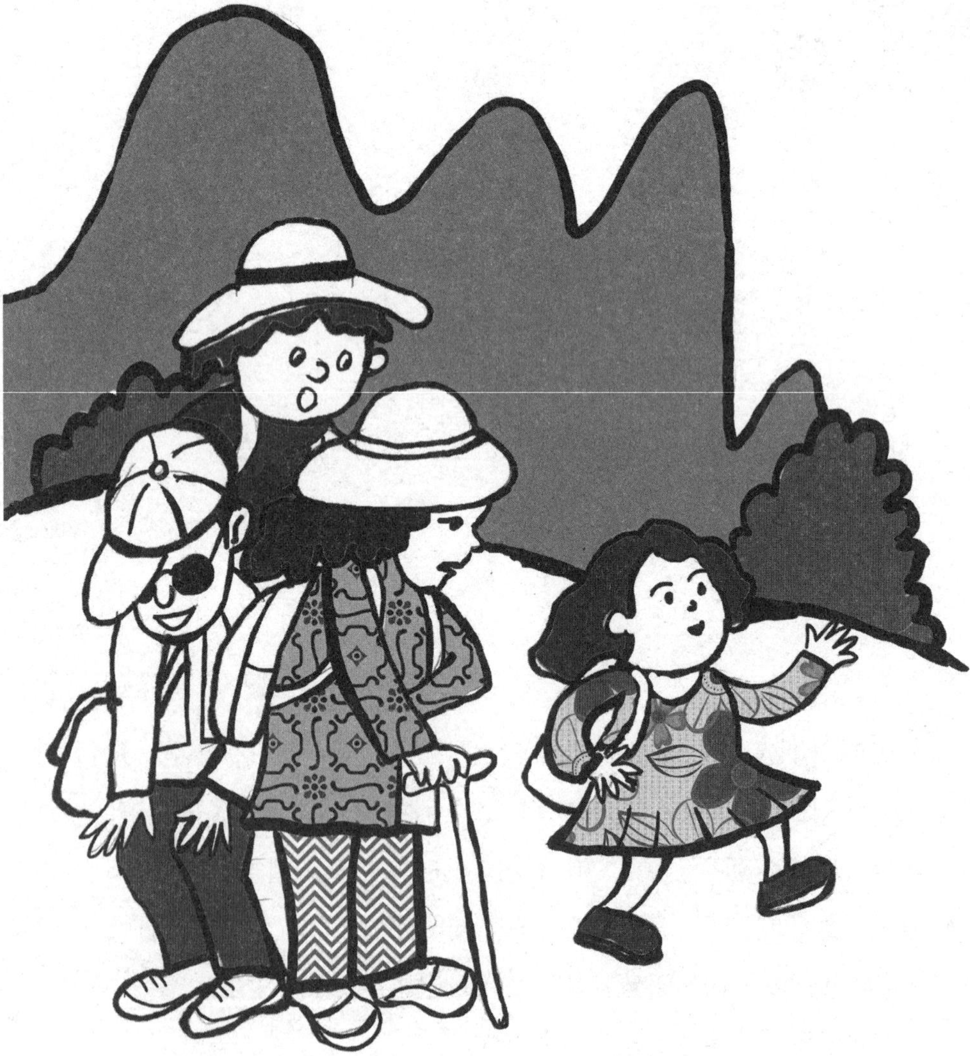

坐缆车直上直下几分钟就结束了，有什么意思呢？于是大家一致选择先走下去再坐缆车上来，这样可以一边下山一边聊天玩乐，游玩的意义就在于过程。

导游说下到第一个瀑布至少需要半小时，欣同学一路上哼哼唧唧地要坐缆车，可是没有人赞同她的意见。没办法，她只能跟着大家坚持走下去。

走到一处最险的地方，整个步梯几乎呈90度垂直。欣咬着牙，一只手由我在前面牵着，另一只手被我同事在后面牵着，慢慢往下走。走着走着，欣的汗水迷了眼，她几次停下来大喘气。当大家要继续往下走时，欣很艰难地站起来，迈不开脚。我以为她会要求多休息一会儿，或者哭闹着不肯再走了。没想到欣只是站在那儿大大地喘了几口气，便拉着我们的手继续往下走。

再走了一段，路还是那么垂直，不过尽头似乎不远了。这个时候连大人们也受不住了，频频停下来休息。旁边有人建议："这个小朋友撑到这儿很不容易了，要不还是请人抱下去吧。"我问欣的想法："路就快到尽头了，是坚持自己走完，还是让人抱下去？不管哪个选择，我都会支持你的。"欣犹豫了一会儿，坚定地说："我要自己走完！"

于是，欣跟着我们，半级台阶半级台阶地走着，终于走完了这段险要之路。我发现自己背上全是冷汗，后怕不已。欣却高兴得不得了！她坐在石头上一边休息，一边和我们分享："妈妈，那些小朋友在这个地方是被抱下来的，我是自己走下来的！要是我们班的×××来了，肯定是不敢走的。那个×××肯定也是要抱下来的……"她一脸的自豪闪闪发光。对于她来说，这可是又一次成就感的高峰体验呢。

不知这个成就感的高峰体验会给欣今后的成长种下多么强大的自信种子，但在接下的路程中，我们每个人都见证了欣的坚韧。我们亲眼看着这个小姑娘，一次次地对我们提出的帮助摇头，看着她一边抹眼泪一边咬着牙坚定地走着，一直走到山脚下，才坐上缆车回到山上。

后来和欣爸聊起这件事，我们为欣的坚韧感动不已，同时也在思考，她的这股韧劲是从哪儿来的呢？仔细想想，这或许与我们平时放手让她试错，陪伴她通过自己的努力获取成功的经验有关。

别人吃过的饭，永远填不饱自己的肚子。别人给的建议，无法成为自己可以积累的经验。在努力突破困难的过程中，孩子自己获取的经验才是他们人生路上勇往直前的动力和能量。

5. 战胜害羞的成功体验

欣幼儿园老师的朋友举行婚礼,想邀请欣同学当小花童,还要让欣在婚礼环节中扮演故事中的小主人公。二年级的欣同学头天晚上犹犹豫豫地答应了,第二天早上醒来,突然又反悔了,越说越不想去,还哭得一塌糊涂。欣爸有点烦了,但是没有像以前那样发火。我用了很多方法,还让幼儿园老师打电话和她说,可是她依然不肯去。我也烦躁起来……

我感觉到自己的火噌地上来了,眉头皱起来,语气变凶了,拿东西的动作也重起来了……就在那一瞬间,我脑子里突然有根弦响了:

"发火没有好下场，两败俱伤，问题也没法解决啊！"

这时，我脑子里灵光一闪，感觉自己似乎找到了症结。我认真地回应了欣的害怕感受，让她也感觉到妈妈的理解。当她平静下来能听进我的话时，我大声说："欣，你说自己害羞，我觉得这个害羞不是你的！你并不是害羞的人，你是之前和朋友一起玩，习惯了模仿她。你好几次明明都想做的事，因为朋友说害羞，你也跟着一起害羞。那个，还有那个，就是这样……"

我一连举了好几个例子，说了一大通。欣听着听着忘记哭了，光瞪着眼看着我说话了。我顺势抱了抱她，想给她力量。我鼓励她："你昨天答应了，说明你已经很勇敢了。你能做到的，妈妈相信你。"欣静静地看了我好一会儿，表示愿意去了。她一边整理裙子，一边说起了幼儿园时的趣事。

走出家门时，我看着欣的眼睛认真地说："欣，你真是了不起，你这是战胜了自己的害羞呢！"欣呵呵地笑，笑得牙齿也露出来了。路上我给欣买了一包海苔，我告诉她："这不是表扬，这是我们的庆祝，庆祝我家欣同学战胜了害羞。"

后来我们就过了一个快乐又有趣的周日，回家后我拉着欣写下一篇口述日记。

欣的口述日记：

战胜紧张和害羞

今天我跟妈妈去当新娘子的小花童，去的路上我又紧张又激动，想到马上就要开始表演了，心怦怦地跳个不停。

到了酒店，开始表演了，我的心情很奇怪。我没有表演的时候非常紧张，上台表演时我倒一点都不紧张了，不知是为什么。

我扮演的是新娘子小时候的样子，我的老师的朋友是我的假爸爸。我表演的是关于彩虹的故事。当我的假爸爸说到彩虹的颜色和我手中的花是我身体的一部分的时候，我紧张的心情一下子就平静下来。

表演过后，大家都为我鼓掌为我欢呼。由于这个故事非常感人，现场有好多人都哭了。我觉得我自己很棒，很勇敢、很坚强，因为我战胜了紧张和害羞。

其实我今天早上不肯去的，还哭了，我当时觉得自己很紧张很害羞。但是我的老师鼓励我一定要去，去了有礼物给我。我思考了一下，还是不同意去，还哭得更加厉害了。后来我突然又勇敢起来，表示要去。妈妈表扬我可以战胜紧张和害羞，所以奖励我一包海苔。我觉得今天过得很开心。

以前，每每遇到欣哭或是极不情愿的时候，我常常会顺应她。我觉得这也许就是她的性格特点吧，不要强求她。这一次，我有了一个新的想法：我希望能尝试着推她一把，就像以前关于两面性格那样，我可以尝试引导她。

欣之前已经给自己定下了这个"我会害羞"的认知，我的认同也是一种强化，于是她认定了自己会害羞，认定自己不能在很多人面前表演。这一次我抓住机会再次使用正面强化法：对于好的、我想要的，鼓励表扬；对于她做得不好的、我不想要的，只字不提。后来我们反复探讨的也是她战胜害羞后，上台完成任务后的喜悦。

> 人的潜力就像金矿一样，如果不被开发，只能永远被埋在地下。当孩子学会面对困境，通过自己不断的努力，一步一个脚印地克服困难，从而实现能力不断变强，这会给他带来真正的自信的力量。这就是自我潜力开发的结果。

第十一招

接纳不完美的自己

放过了你自己

孩子们将成长为他们自己

1. 输不起的孩子

一天，我们一家三口玩飞行棋。6岁的欣本来遥遥领先，却运气不好，一下退回好多格，落到了最后。"臭爸爸，臭爸爸！"欣气得直跺脚，眼圈一下子就红了。看到她这样的反应，我莫名就烦躁起来：怎么又要哭了，怎么就输不起了，难道全世界都要围着你转啊？

欣爸在一旁好声好气地哄她，大意是再给欣一次机会，让她再扔一次色子。我感觉不对劲，一边说不能作弊，一边伸手拦住了他们。欣顿时掉下了眼泪。欣爸不满地看了我一眼，我觉得有些委屈：难道我们为了让孩子高兴，就要这样无原则地退让啊？这不是溺爱吗！

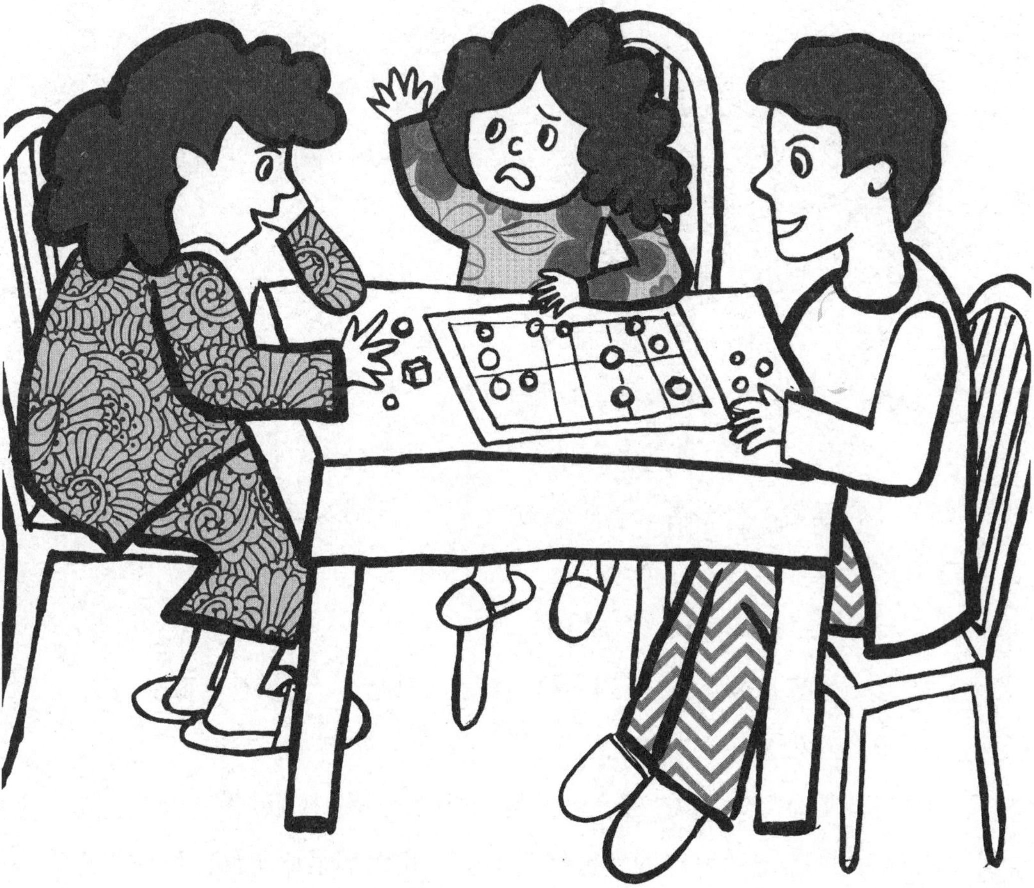

这些话就要冲出口的那一刻，我脑中突然敲起了警钟：好的感受才会有好的行为。是的，如果我由着自己的性子去责备欣爸，去说教欣，结果是什么呢？估计就是欣并不接受那些道理，欣爸则会和我争吵起来……这可不是我想要的。

我使出冷静"大法"：深呼吸，喝口水。平静下来，我换个角度看这件事：欣为什么生气呢？她的感受和需要是什么？每个让家长抓狂的行为背后，都有一个对于孩子来说正确的原因。那此时，欣哭闹的原因是什么呢？

这么想着，我微笑着将欣拥入怀中，让她靠着我。感觉到她有些平静了，我试着问她："刚才一下子退回好多格，你是不是对自己有些生气啊？"（寻找感受和需要）

"是的！"欣使劲点头。

"你是不是很着急，想超过爸爸？"（再次寻找感受和需要，理解行为）

"嗯，我不要输！"欣说。

"你想超过爸爸很正常，我们每个人都想赢。如果爸爸也不想输，要求多丢几次色子，你愿意吗？"

"不愿意！"欣摇摇头。她对欣爸说："我不要再扔一次了。"

"欣你想用自己的实力战胜爸爸，我们都很佩服你！那你再想想，生气，骂臭爸爸就能解决问题吗？"（及时鼓励，引发思考）

"不能。"欣再次摇摇头，着急地说，"可是我真的不想输。"

"现在就到了最后决定输赢的时候了吗？你看看终点在哪儿？"

我提示欣。欣立马找到了终点。她发现还有一半的路没走完，其实还有许多机会，立刻高兴起来，拉着我们继续玩。

到了最后，她有些小紧张地看着爸爸扔了一把，赢了。我有些担心她会不会因此哭闹起来。

只见欣红着眼圈沉默了一会儿，拿起色子掷了一把，以三步的优势轻松地赢了我，夺得了第二名。欣高兴起来，拉着我们又大战了好几个回合。在接下来的对战中，她有输有赢，甚至有好几次得了最后一名也没有太在意。最后一局时，她并不是第一名，她虽然有些不大情愿，但也没有哭闹纠缠，只是和我们约好下次再战。

晚上睡觉前我和欣聊起了今天玩飞行棋的事情。我们一起梳理了在这个过程中的感受，我们都看见了自己的行为模式：我会习惯性地下结论讲道理，欣会习惯性地着急。我们一起总结了自己的发现。

我的发现：当我不再想当然地贴标签、下结论，就不会那么容易生气烦躁。当我冷静时就能看到别人的难处，就能在理解的基础上找到解决方法。

欣的发现：有输就会有赢，输的时候坚持下去就有赢的机会。

是的，我们都不是完美的，所以失败是正常的。我们可以总结经验，下次改进，就会有成功的机会啦！有了这次经验，后来遇到各种挫折时，欣的抗打击能力有了不少提高。

孩子在面对自己无法解决的问题时，一定会产生各种情绪和感受。而我对她的感受的认同，能让她不再陷入因这些情绪而产生的羞愧中，所以她就有了应对挫折的勇气和力量。

2. 逃避困难，还是螺旋式前进？

前几天我陪一年级的欣同学背《弟子规》，背到了第5页。可是今天我再让欣背《弟子规》时，她却背不出了，哭得一塌糊涂。我使尽招数也没用，欣越发背不出来了。

当欣的情绪慢慢平复后，我们一起探讨，是不是还有别的解决办法。把可能的解决方法列出来后，我们共同选择了找田老师换一下要背的内容，比如今天先背《三字经》，下次再背《弟子规》。对这个办法，欣很是心动，但在打电话时又不敢了，要我去和老师说。我拒绝了她，同时也鼓励她："你选择这个办法，说明你很有勇气。你现在想让我帮你打电话，也是在努力想办法。不过，是你背书，不是我背书，你自己的事得自己去争取解决。"

欣犹豫了好一阵子，还是决定自己打电话说出请求。电话打通后，她的声音虽然小小的，却很坚定，不断重复自己的请求："我想先背《三字经》，我今天就是想背《三字经》，我今天可不可以先背《三字经》？"最后田老师同意了。

欣以前背过《三字经》，虽然差不多忘光了，不过现在重新背起来并不难。欣很快背完了《三字经》，完成了今天的任务，兴高采烈地去做接下来的作业了。

说实话，让欣去争取换背内容，我是有点犹豫的。我不确定这样做是在帮她逃避困难，还是真的想保护她的学习积极性，或者只是为了解决自己的难受？我思前想后，忐忑不安。

这时欣爸回来了，我赶紧说出自己的纠结。他倒是觉得这样处理没什么不妥。他认为欣对要背的内容没有理解，自然就背不出，不强求是对的。至于逃避困难一说，他觉得特殊情况特殊对待，并不是事事如此。而且，并没有说以后也不背《弟子规》了，只是先背《三字经》这个相对容易的嘛。

听了欣爸的话，我心中突然有所触动。我为什么如此焦虑和纠结呢？我害怕自己做错了，我太想做"对"了，这个"对"就是想要得到所有的好。我又想欣能按要求完成任务，又希望她能快乐顺利。当两者出现矛盾时，我无法忍受其中一个没有得到的难受，两者都想得到就是想要完美结局呀！可是，现实中哪有那么多完美呢？达不到完美的话，我就会给自己贴上"不合格"的标签。事实是，我们不可能做到每一件事都百分之百的好，就算我只做到了60分，也不妨碍我是一个好妈妈。我需要接受自己的不完美。在我们害怕犯错，拼命逼着自己完美的时候，我们其实正在与自己较劲，向内攻击自己，正向的能量因此内耗掉了。对于欣来说，她也不必做到每一件事百分之百的好，她能做到敢于向老师争取，这已经不是60分，这起码有80分了呢。对于做不到的部分，她也需要学着接受自己的不完美。

接下来，欣分两天将《弟子规》背完了。我换了种心态再看欣那天的表现，她并不是我以为的逃避困难，她用勇于和老师沟通的方式解决了困难。对于目标背出《弟子规》，她是循序渐进达到的。想想，如果那晚我硬逼着欣背下去，那种拼尽全力怎么也背不出的体验，带给欣的只会是深深的挫败感，这将严重打击她的积极性。

经常体验挫折，并不会给孩子带来家长们期待的抗挫能力，反而会让孩子习惯挫败，形成一种对现实的无望和无可奈何的心理状态。这种心理状态就是美国心理学家塞利格曼提出的习得性无助。

有时候绕道走也并非坏事，目标是不变的，我们只是选择了另外一条过程比较愉快的道路而已。在欣实在背不出而无能无力的时候，我用降低难度的方法让她获得了成功的体验，令她对之后的困难不再害怕。所以，这个决定不但保护了孩子学习的积极性，更让她坚定了成功的信念。

3. 藏卷子的孩子

一年级的欣马上就要期中考试了，晚上，我打算陪她复习一下以前的语文卷子。突然，我在一堆语文卷子里发现了一张数学卷子。拿起来一看，86分，这张卷子似乎之前没有看到过。

我瞧一眼欣，看到她躲闪的眼神。我把她搂过来问："欣啊，你是不是觉得分数太低了不想让我们知道呀？"欣把头埋到我的怀里不说话，一会儿我的手臂就湿了。我轻轻拍着她的背，一边继续说："欣，难道你觉得妈妈会骂你，会打你？"欣在我怀里摇摇头，泪水还在掉。

"你是很想考得好些的,是吧?爸爸、妈妈都知道。可是你要把错了的地方,还有不会做的地方拿出来让我们知道,我们才能帮你,对不对?"欣不动弹。我接着说:"你还记得上次数学小考试,你得了40分的事情吗?后来爸爸帮你一起复习,你就赶上来了,好像最后考了96分?""不是啦,是95分!"欣抬起头来纠正我。

　　"哦,对呀。你看不及格都能赶上来,现在这样呢?"我问她。"也能……"欣小声接了一句。"是啊,欣,妈妈一直告诉你,错了其实是……""没有关系的。"欣大声接了下句。

　　我紧紧地抱了一下她,希望自己能传递给她一些力量。

　　"欣,是的,错了没有关系。"我盯着欣的眼睛,一字一句地说,"错了不怕,就怕错了我们不敢面对,只想藏起来。你要是把卷子藏起来,爸爸、妈妈就没有办法帮你了。你知道我们是多么想帮你的,对不对?""对!"欣点头。

　　"欣,还有好多事也是这样。比如你以前跳绳只能跳4个,现在已经很厉害了,是不是?"

　　"是啊,我现在一分钟可以跳138个了!"欣的眼睛亮亮的,声音急剧上扬。"那你觉得,这个错了……"我的声音拖得老长。"没有关系的,没有关系的!"欣像是回答我,也像是自言自语。

　　我再次拥她入怀,在她的耳边轻轻重复着:"欣,错了没有关系的,真的没有关系。爸爸、妈妈永远爱你!"不知为什么,说着说着,我自己突然很想哭……原来这样的话,我等了几十年。小时候的我,多希望也有人能这么对我说。

我们静静地享受了几分钟的亲密后，我搂着欣说："好了，你明天找爸爸把这些弄懂吧。""嗯！好的！"欣轻快地答应着。

拿起语文卷子时，我随口问她："下次有什么错了，你还怕不怕？""不怕。"欣笑答。"记住哦，欣，你要学会求助，不会的都可以求助身边的人。"看欣点着头，我生生把那句"开口即得助"咽了下去，这样的话有点深奥，现在欣还理解不了，相信在今后的成长路上，她会慢慢体会的。

一个人会成为什么样子，决定于他内心深处相信自己是谁；一个人能做成什么事，则取决于他深信自己能做到什么程度。当我们追求完美，不放过自己，无法接受孩子可以有错误的时候，孩子和我们一样，体验到的都是挫败感。这种反复的挫败感会让我们感到深深的无助，很容易形成"我就是一个失败者"的自我认知，在困难和挫折面前习惯性地躲避，甚至逃跑……

著名心理学家曾奇峰老师曾有过一个非常形象的比喻：

武汉的冬天气温约在零摄氏度，过去取暖条件不太好，处处寒冷，家里比外面还冷。而在北方的哈尔滨，即使外界气温经常是零下20摄氏度甚至更低，但因为屋子里有暖气，过冬却是一件很舒服的事。当人们进屋之后，从头到脚、从里到外都积蓄了很多热量，这时再出门，对寒冷的耐受力比那些屋子里没有暖气的人强很多。

这个故事告诉我们，来自家庭的温暖，来自父母的支持、信任和安全感，会被孩子内化成内在的人格力量，让他们勇于尝试探索，勇于面对困难，更好地去迎接外部的挑战。

欣的每一个反应都是我的镜子，照出来的是我的状态。她常常会有的退缩、眼泪，都是我以前不肯放过自己，也不肯放过她而造成的结果啊。我终于真正体会到"错了，没有关系"这句话对自己的深意。只有接纳了自己的不完美，我才能欣然接纳欣的各种不足，接纳欣的每一面，我才能用我的真心让欣感到安全。当欣感到安全了，她才能从我之前苛求完美而形成的退缩中慢慢迈出来……

我告诉自己，别着急！对欣，慢一点，再慢一点。所有正在发生的这些问题，都是欣成长中的必然经历。即使我还会犯错，也没有关系。我相信自己能调整出新的办法，终究能迎面解决所有问题。而欣再遇到错误与问题，她也能相信自己，最终迎面解决的！

> 来自父母的信任和包容是陪伴孩子成长最坚实的依靠，有了这些成长的能量，孩子将会更加坚定地去面对困难，并找到解决的办法。在成长的过程中，这些行为模式会慢慢沉淀下来，变成孩子日后独立应对挫折的勇气和能力，帮助他们顺利渡过各种难关。

41. 放弃还是坚持?

一天,在去上古筝课的路上,五年级的欣忽然说:"哎,我不想弹古筝了……"

嗯,怎么回事?我脑子里立刻回放近期情况,好像也没发生什么事情啊。这一阵子在家有时间就练,没时间就不练,每次练的时间不长,欣偶尔表示出不耐烦,却还是蛮有兴致。她这是唱的哪一出呢?

我们一边往前走,一边讨论要不要继续学古筝。对于为什么不想学了,欣的回答就是不想学,以前喜欢现在不喜欢了。问到为什么不喜欢,她却说不出个所以然,只说就是不喜欢了。

我们的对话陷入了沉默。我想这背后一定有什么原因，可能连她自己都没有发现。我侧过头仔细观察欣，发现她走得有气无力的，还打了个小小的哈欠。

我说："我感觉你现在有点困，是不是有些累了？"

"是的，我觉得一天上三个兴趣班挺累的。"欣又打了一个哈欠说，"我不想学古筝了。"

我突然明白过来，为了让周末有一天完整的时间，我们把她的三个课外班都放在了周六。当时也考虑过安排这么紧欣会不会太累，通过观察发现她能适应，就固定了下来。现在想来，欣升入五年级，功课多了，休息的时间也少了，周六这三个课外班连着上对她来说是比较辛苦的。

我向欣表达了歉意，我们没有根据事情的发展，及时调整课外班的时间安排，造成她如今的辛苦。我和她确认："是觉得累不想学了，还是真的不喜欢了？如果调整了合适的时间，是否愿意继续学？"欣想了想表示，如果时间合适，还是愿意继续学的。

进入初中后不久，欣的时间实在安排不过来，古筝的学习慢慢停了下来。在最终决定不再去上古筝课的时候，欣说以后有机会还是要把后面的高难度部分学会的。我笑着表示同意："你看老妈我不就是这么大年纪才开始学的吗？只要你愿意，随时都可以继续学的。"欣赞同地点点头。

后来我想，如果当初欣真的不想学了，那我们怎么办呢？在思考这个问题时，我突然想到，为什么这会是个问题呢？真的不想学就不学了呗，为什么我要纠结呢？

仔细想想，在是否同意欣放弃课外兴趣时，我是有许多纠结和担心的。我害怕自己做错了，怕自己同意她放弃，不利于培养她的坚持的品质，还怕她长大了怪我没有要求她坚持。同时我又担心，如果自己用高压手段强求她学下去，会不会像朋友家那样，为了让孩子学钢琴，每天闹得鸡飞狗跳，对孩子每天一小骂三天一小打，孩子实在学得太痛苦了，居然把水偷偷倒进了钢琴……

左怕错右怕过，老母亲的心真是要操碎了。从欣这段古筝学习的经历来看，每个阶段并没有完美的方案和结局。事情都是在动态中发展变化的，重要的不是那个决定一定对，而是对于当下的人和事来说，这个选择符合当下的实际需要，恰好合适。

比如当欣遇到困难，提出不想学古筝时，我没有陷入"同意就学不到坚持，不同意可能会有伤害"的粗暴结论中。我所做的是：关注孩子当时的具体情况，和孩子一起发现感受、分析原因，跟随孩子的真实需要，和孩子一起找到解决方案。当孩子在跨越困难和挫折时，我们需要把对结果的关注拉回到对过程的关注上来。在这个过程中，孩子学习到的不是盲目的目标，而是找到坚强的力量和解决问题的智慧与方法，为自己的人生负责任。

欣的芭蕾舞学习也有类似经历。

因为遇到了一位特别优秀懂教育的好老师，欣爱上了芭蕾舞，从小学一年级一路学到初中，从未中断。进入初二，欣的功课越来越多，由于没有计划走艺术生路线，我们就劝她停下芭蕾舞的学习，全力以赴备战中考，可是欣坚决不同意。

当时我也蛮纠结的，她还只是初中生，真的知道什么样的决定是对自己有益的吗？纠结了好几天，我决定放下完美方案的需要，找欣深聊了一次，让她再次意识到每一个选择都需要自己承担后果，为自己负责。欣表示，愿意自己负责。到了初三这一年，欣主动要求停下芭蕾舞课，全力备战中考。高一开学后，她又提出继续学习，并且自己把周末的时间安排得井井有条，完全不需要我们插手。

当下的各种纠结，往往源于我们对未来的恐慌。其实人的一生很长，很多当下的对与错、得与失令我们感到纠结痛苦。让我们把时间线拉长，不要在当下着急对结果做出评判，而是顺应当下的情境做出选择，把责任还给孩子。我们要做的，是静候花开。结局也许并不完美，但是这个结局会让孩子获得直面困难，为自己负责的能力，成为最好的自己。

5. 数学不好的孩子还是好孩子吗?

小学生的欣总说:"要是没有数学就好了,人为什么要学数学?"

我问欣:"说到数学,你是什么感觉?"欣说:"烦!听着就烦!"有时候说到数学,欣就会说:"我就是那个数学不好的人。"

在家长沙龙上,大家经常会谈到孩子的成绩,特别是对小升初的焦虑。有一天,一位家长说到自己现在应该是功成名就了,不论是经济条件还是社会地位都非常不错,却不知为什么,总在一些事情上莫名地自卑。她心底里总有个声音说自己其实很糟糕,现在这些都是光鲜的外表,内里的自己丑陋不堪。通过引导，她发现，原来她小时候因为字写得不好，动作又慢，被父母严厉训斥，却不知自己为什么做不好，那种绝望的感觉直到今天还不时地会蹦出来。即便得到别人真心的赞美，她也会怀疑自己是否真的像别人说的那么好。

听了这个分享，我一直在思考：难道有一天，欣也会像我一样，因为成绩的原因，一直觉得自己是很差劲的人的吗？不，我不愿意！

这一天睡前，我专门和欣就数学的问题聊了一次。我表达了对她现在处境的理解，并且告诉她："我们每个人都有长处和短板，就像手指一样，有长有短。但我们不能因为有个指头短些，就认为这只手是没用的坏手了。"

我说："妈妈小时候数学也不好，英语也不行，但是我觉得自己还有许多其他的优点。我现在的生活过得挺好的，工作也不错，还能给家长和孩子们讲课，这些都让我觉得生活得挺有意义。你只是数学方面有些困难，但不代表你是个不好的人，没用的人。"

听到这儿，欣突然大大地叹了一口气。我感觉她在那个时刻好像一下子放松下来。看到欣叹气放松的样子，我突然感觉好心痛。我轻轻将欣搂入怀里，接着说："现在爸爸教你数学，只是希望帮你跟上进度，能够顺利地学懂后面的知识。我们不会因为你数学成绩不好，就觉得你是个差劲的孩子。像妈妈这样，这么老了还会迷路，还忘性大，还算不清钱……这些短板只会让我的生活有些不便，但并不能说明我就是个差劲的人啊。你现在只是数学学起来有些吃力，但并不影响你是个好孩子,是爸爸妈妈最爱的好孩子。你还有那么多自己擅长的东西,咱们以后重点发展那些就好了。"

这么和欣说完,她原本有些僵硬的身体柔软起来,我觉得自己也轻快了许多。这个数学的问题,或许以后还是会对欣有些影响,但只要她能发展自己的优势,总能找到适合自己的生活方式。就如同我,当我接受了自己的各种不完美后,越发觉得生活舒适起来。我不需要和自己过不去了,我可以规避自己的不足,发展自己的优势,这种感觉真是太美好了。

有一个著名的寓言故事:

一个年轻人问智者:"我心中有两匹狼一直在争斗,一匹狼贪婪、凶猛、自私,另一匹狼勇敢、友爱、真诚,它们两个每天都争斗不休,你觉得谁会赢?"

智者说:"你喂食的那匹狼会赢。"

每个孩子都想做一个好孩子,孩子和我们成人一样,身上有两种力量,一种是积极向上的正能量,一种是会拖后腿的负能量。你看到哪种力量,哪种力量就会赢。

成绩好只是让孩子优秀的一个途径,想让孩子变得出色,我们还可以有其他的选择。人一旦有了选择,生活就不再沉重,也不容易陷于绝望之中。当我们放过了自己,心态平和,就能生出智慧,游刃有余地解决一个又一个成长的问题。

有一个心理学概念叫"镜像自我",说的是儿童依靠观察别人的脸色和反应,来确定别人对自己的态度和评价,就像把别人的表情与反应当作镜子，由此来形成自我概念。父母是孩子们人生中的第一面"镜子"，孩子需要通过这面"镜子"的反射来了解和认识"我是谁"。我是什么样的孩子？是让父母焦虑、担忧、害怕，让他们皱着眉头烦心的无能孩子，还是那个让父母舒心微笑、点头认同的孩子？

小时候得不到父母的积极评价和肯定是一种痛苦的体验，它会让人产生"我做得还不够好，我不能获得爱"的忧虑，让一个人感到自卑。所以那位出色的家长尽管长大后非常优秀，但她被矮化的镜像自我仍然时刻让她感到忧虑，令她缺乏自我价值感，并且会无意识地做出许多破坏亲子关系的举动。

如果我们能放弃对完美小孩的追求，对孩子的每一次尝试和努力，特别是失败和挫折，给予积极的回应，让孩子体会到父母无条件的爱和接受，孩子将从"镜子"中看到自己的价值、能力和重要性。

后来我慢慢放下了对欣的数学成绩的焦虑。到了初三那一年，欣自发地努力，取得了不错的成绩，不但数学赶上来了，整个人也因此获得了更大的自信。更重要的是，她从爸爸妈妈这面镜子里照见了自己：我是一个被信任的孩子，我可以不完美，可以犯错，被信任的我终究可以解决各种问题。

就像她在初中毕业的自传里写的：

即使在生活和学习中遇到了各种困难，我也能积极应对，无论将来是什么样子，相信我的人生一定会绚丽多姿！对于那美好的明天，真的好期待呀！

第十二招

一站二看三通过

停下来
看看事情是怎样发生的
冷静的大脑才能产生智慧

1. 遭遇脏话欣

忘了是从什么时候开始的,最近总听到欣说些奇怪的话。那天听到快5岁的欣连说了好几次"你瞎了眼啊",我心里有些犯嘀咕,这是从哪儿学来的呀?还没等我想明白,马上就轮到我体验了。

"你瞎了眼啊!"欣叉着腰嘟着嘴冲我喝道。一旁的欣爸听了皱着眉头准备呵斥她。我伸手拦住他,让他先不要着急。

"你瞎了眼啊!"看我没有反应,欣再次冲我喝道。我依然没有理她。欣觉得有些无聊停了下来。可是没过多久,她又跑到我面前再次大喊:"你瞎了眼啊!"欣爸有些生气了,我赶紧拦着他,表示我来处理。

"没有啊。"我平静地回答欣。

"你瞎了眼啊！"看我的反应和别人不一样,欣加大力度叫起来。

"没有啊,我看得见你啊,没有瞎啊。"我如实回答。

…………

欣看着我,没词了,小手还叉在腰上。我把她搂过来告诉她:"欣,这话不好听。"

"为什么不好听？"欣问。

"因为我没有瞎啊,你这样说我,是骂人的话,不好听。"我告诉欣。"那要是你真的瞎了呢？"欣想了想,问道。

"要是我真的瞎了,就什么都看不到了。你这样说我,我会很伤心的。"

"哦,妈妈,要是真的什么都看不到了,是不是就是瞎了？"

"是的,瞎了的人什么都看不到,我们看到他们要扶好他们,帮他们做事。"

"为什么呢？"欣很奇怪地问我。"这样吧,你闭上眼睛,走走看。"我建议欣试试。欣闭上眼走了一步,马上睁开眼不敢走了。我对她说:"你感觉到了吧,瞎了就什么都看不到了,走路容易碰到东西撞伤,生活很不方便。"

"妈妈,以后你瞎了,我就扶你走路,帮你拿东西。"欣很体贴地回答我,还用手扶了一下我。我微笑着回答她:"好的,谢谢你的体贴照顾。不过我可不想瞎,我还想什么都能看到呢。你要是觉得我们没有看到你想让我们看的东西，可以直接告诉我们。"

"好吧，那你别瞎了。妈妈，你没看到我刚才已经倒好水了。"欣认真地说。

从这之后，很久没有听到欣再说这样的话了。

四五岁的孩子，大多数时候对语言的真实意思并不是很明白，他们往往更关注的是说出这些话后他人的反应。当他们发现自己说出一些特别的话，比如脏话、难听话，会让别人的反应和平时不一样，他们就会觉得非常有趣，也很好奇。于是他们就会反复说，去试探，以探索其中的原因，得到更多的乐趣。很多家长听到孩子这些不雅的语言时，第一反应通常是生气呵斥或者觉得好笑，不自觉地语言、表情或动作都表现得比平时激烈许多。这样的反应让孩子觉得这些语言能左右父母的情绪，让家长激动，他们很高兴自己拥有控制家长的能力，就会更乐于反复说这些话了。

在面对这种情况时，有一招"一站二看三通过"很好用。这是什么意思呢？

"一站"就是遇到问题时先停下来，不着急处理。我们可以深呼吸，或者喝口茶，还可以直接告诉孩子：我现在需要冷静。第二步是仔细观察并琢磨一下到底发生了什么，问题产生的原因是什么，找到并回应孩子的感受和需要。第三步才是"慢慢通过"，和孩子一起想办法探讨解决方案，每件事至少有三个以上的解决办法。

所以，当我们发现欣喜欢说这类难听的话时，并没有急着做出激烈反应（我阻止了欣爸的呵斥），而是先让自己冷静下来，也让欣得不到特别的感觉，甚至令她感到无趣。欣继续重复这些话，想引起我的注意，我就直接告诉她我的感受：这样的话我听了伤心难过，不舒服。还让她实际体验一下这句话的真实意义，让孩子真正理解这句话到底有什么不好，学会换位思考。

很多时候我们习惯给孩子贴上各种标签，比如不听话、不懂事等，其实孩子在做一些事时，并不明白那些行为的含义及后果，指责、批评不但让他们不知所措，还会令他们出现各种抵抗情绪。这个时候他们需要家长的正面引导，帮助他们理解那些行为的含义。还有一点很重要，除了告诉他们不能做什么，更重要的是让孩子们知道应该怎样做。

2. 切断难听话的传递链

欣爸表弟两口子同时出差，把他们的儿子放在我们家住两天。刚开始，两个小朋友相处愉快。不知为什么，这几天，5岁多的欣总是对小弟弟不耐烦地大叫。我们怎么提醒、制止，她都停不下来。

"你不晓得那样做啊，你真是没用！"

这一天，欣在客厅里又在对着小弟弟大叫，我和欣爸实在听不下去了。欣爸冲着欣喊："你怎么这样对小弟弟，你以后再这样说话，小心我打你屁股！"欣看了爸爸一眼，不再说话。我知道，她只是暂时不说了，之后遇到事情还是会对小弟弟这么叫的。

看到欣爸动气了，我赶紧把他拉回房间。我提醒欣爸先不要着急责怪欣，我们需要找找欣这样说话的原因。我告诉他："小朋友就是我们大人的镜子，孩子的言行举止反映了我们大人的言行举止。你没发现吗，她这样说话和你平时说话的语气一模一样！"

欣爸一脸的不服气，皱着眉头瞪着我。

我说："你就是这样说话的呀，开口就是指责：'你怎么这样，你不知道那样啊……'你这些语句给人感觉就是在说别人没用，欣只不过说出了你这句没说出的话。"

欣爸想了一会儿，承认确实是自己影响了欣。过了一会儿他突然说，他发现欣爷爷说话也是这样，对欣、对他都是这样说话。我趁机对他说："对呀，这个错误的表达方式正是这样不自觉地传下去的。现在你明白了，就从你开始把这个传递链条断开。咱们可以开个家庭会议，互相提醒。"当天晚上，我们领着欣给小弟弟道了歉。

接下来的几天，欣爸有意识地调整了自己的说话方式。周末的晚上，我们带着欣一起玩角色扮演的游戏，让欣扮演小弟弟，我来扮演欣。我用那种难听的语气和她说话，让她体验到这些语言造成的伤害。欣终于理解了为什么不能用这样的方式说话。接着，欣爸和欣约定以后要相互监督，互相提醒，有话好好说。

慢慢地，欣这样说话的情况越来越少了。我仔细观察，欣爸的变化也很大，很多时候他都会有意识地控制自己，再把想说的话换个说法说出来。

切断难听话传递的链条，从我们自己开始就可以了。

3. 孩子不愿看书怎么办？

在欣很小的时候，我就给她买了很多绘本与她共读。她升入一年级后，我们还坚持着每晚睡前的共读时光。后来我工作实在太忙，欣也开始自主阅读，我就让她自己看书了。

结果没多久我就发现，欣不肯看书了。什么书都不看，绘本、简单的字书，什么类型的书都不看了。睡前故事我念给她，她就听，可是让她自己看，她就不肯看。我到处向有经验的家长取经，有朋友推荐我们买幼小衔接的桥梁书，我一口气选了三套，可是效果依然不佳，欣还是不愿意看。我也发过火，甚至气得想把家里的书通通捐掉算了……

　　后来，在张玲老师的引导下，我试着控制焦虑的情绪、过激的行动，再想一想事情背后的原因，然后再寻找解决方案。当我从焦虑中跳出来，我找到了欣不愿看书的原因。

　　当时欣刚上一年级，识字量并不大。我却想当然地认为绘本太简单了，欣总是看图会影响认字，她应该看全是字的故事书了。于是我表面上不作声，却总是强拉着她去看纯文字的书。欣识字量跟不上，读起来不太顺畅。她很反感，不愿去读，我却更强烈地要求她必须一个字一个字地读，她就越发不想看……恶性循环就这么开始了，直到有一天，欣连绘本在内的任何书都不肯碰了。

　　原来，是我的焦虑让欣想逃跑，是我把她一步步逼到了完全不肯看书的地步。那我在紧张焦虑什么呢？我发现欣只看图画，担心会影响她认字；如果认字少就会影响阅读进度，让她对阅读失去兴趣；不喜欢阅读语文成绩就会受影响，从而影响学业，乃至于影响人生幸福……呃，打住！灾难化思维就像在泥泞中行走，一旦踏进去就会越陷越深，让人感到万分恐慌，不知不觉中把事情引向最糟糕的方向。

　　那一段时间，我真的很痛苦，这对我来说仿佛是件天大的糟糕事，对欣来说更像是天大的痛苦了。那一段时间，欣甚至因为这个紧张得出现了一些别扭的动作。

　　我问自己：不喜欢看书，最严重的后果是什么呢？仔细想想，也就是作文可能写得不咋样，语文成绩会受影响，或是将来少了一种爱好，体会不到阅读的乐趣。这些后果，其实也都能承受的。就算后

231

果再严重，也比不过当下我与欣因为这件事而发生冲突，彼此承受的痛苦和压力。

我发现自己一直活在想当然的世界里，总觉得身边的人都应该这样，应该那样。做得好是天经地义，做得不好就是十恶不赦。但凡与我想的不一致，就是错误，我要纠正，要把他们拉回到我认为正确的轨道上，以此来成全我自己，减轻我的焦虑，消除我的恐慌！

这就是"应该之暴力"呀。"应该"意味着我们别无选择，这会使被"应该"要求的人感到无奈和沮丧，陷入自我憎恨中。同时又心有不甘，不愿屈服，于是他往往以行动做出自己最有力的反击。比如欣，她就是用放弃看任何书作为自己的反击。

破解灾难化思维最好的方式，就是客观对待整件事情，接受事实。我们可以先假设事件可能导致的最糟糕的结果，并找到自己所能接受的程度，然后勇取地把这个后果承担下来，在已有的基础上全力以赴，做到更好。

当我真心想通，并做好心理准备坦然接受欣不爱阅读可能导致的后果，焦虑与恐慌消失了，取而代之的是轻松与愉快。我不再着急地去想各种办法，也不再逼欣。我真心接受欣在这个时间段就是不想看书的事实。

没想到几个月后的一天，欣突然主动要我买《笑猫日记》等几套书。我仔细研究了一下，虽然这些书我不是特别想让她看，但我还是尊重她的意愿，带着她去新华书店买了回来。不是我推荐的书又有什么关系呢？我推荐的固然是我自认为最好的，可是对于当下流行的，同伴之间传播的，欣自己有兴趣想看的，我也不必打压啊。人之所以自由，就在于拥有选择的机会。欣可以自己做出选择啊！她可以阅读自己喜欢的书，这也是人生的享受呢。我可以再找机会推荐我喜欢的书给她。

就这样，欣看书的兴趣停不下来了。她把我推荐的六本一套的《20世纪儿童文学精选》也追着看完了，要知道每本都有半本词典那么厚呢。但这其中还发生了一点小波折。

欣看完了童话卷和科幻卷，我就推荐了小说卷，结果她不要看。我心里愤怒、生气的感觉直往上冲，我立马察觉到这是卷土重来的焦虑！我没有像以前那样对欣威逼利诱，而是仔细观察了几天。我发现她当时迷上了另外一套书，正看得入迷。等看完那套书，她又不声不响地把小说卷看完了。直到今天，欣对阅读仍然保持着极大的热情，甚至那些心理学专业的大部头书她也一本接一本地看。

经历了"不爱看书"这件事，我学会了及时停下，观察思考，学会了不再使用"应该之暴力"。每当发现自己的焦虑，我会问自己：

正在发生的事是什么？孩子是什么原因这样做？真的有那么可怕吗？除了焦虑强求，我还可以做什么？

最重要的是：

这是谁的需求？我是不是又在替代孩子生活？我是不是又不相信她是有能力的？

成长中的问题是不会消失的，只是每个阶段的问题不同罢了。我们家长要做的，就是在孩子成长的路上，放下焦虑、恐慌、灾难化思维，随时准备见招拆招。

4. 不肯去上学

这天早上,我正在上班,电话里传来欣爸抓狂的投诉:"你这个崽站在校门口哇哇哭个没完,死活不肯进去!烦死了,气死了!单位在一遍遍喊我开会呢……"

我让欣接电话,她说不舒服,胸口难受,不能进学校了。之前我已问过姑姑,欣没有发烧也没有咳嗽,只是有一点点头痛,我判断她应该没有感冒。我问欣是不是没写完作业,她说不是。问她学校里是不是有什么担心的事,她也说没有。我问她为什么不肯进去,她只说身体不舒服,就是不舒服。

我听见欣爸在电话那边气得哇哇叫:"好,回家吧,回去以后永远不要上学了!"欣在电话那头哭啊哭。因为看不见当时的情况,只听到欣爸的怒吼,我一时也有些茫然无措了。我先安抚好欣爸,再让欣接电话跟她商量:"你先进学校去,如果觉得特别难受,可以让班主任老师给我打电话,我去接你回家。"欣还是表示不情愿,但是情绪明显缓和了许多。我再让欣爸和欣商量。

过了一个多小时,已经到单位开完会的欣爸打电话来说,早上他陪着欣等升完国旗做完操后,才把欣送到了教室门口。

晚上回到家,我们对欣给予了大大的肯定。我们表扬她勇敢地战胜了身体上的不舒服,坚持上学。欣高兴地表示明天要早早到学校。

睡觉前我和欣爸讨论今天的事,我们一致觉得当时欣爸能及时冷静下来是解决这次问题的关键。将烦躁的责骂及时停下来,家长才能觉察到孩子的真实感受和需要,从而找到适合的解决方案。

对于我来说,这件事处理起来最难的莫过于如何平复欣爸的怒气。欣爸那可怕的怒气,让我心惊肉跳。当时我也很慌乱,心里有个声音说:算了算了,让欣回家去算了,三个人都能好过一些。后来我很快把慌乱的情绪克制住了,然后就看到了事情的转机。

我判断并确认了欣不是身体因素导致的不想上学,通过帮助欣爸平复情绪,让欣爸找到合适的时机陪伴欣直面困难。要欣突破自己原来遇到问题就逃避的模式,对欣来说是非常艰难的,不过当她承受了改变的不适应和痛苦之后,她获得了满满的成就感,对自己能力的信心也在一次又一次的突破中生根发芽。

5. 评价或观察？

一天晚上，到了睡觉时间了，我从工作中缓过神来，隐隐听到欣爸生气的声音从 欣的房间传出来。推开门一看，只见欣爸黑着一张脸，三年级的欣同学苦着一张脸。

原来，一共抄写 8 个单词，欣同学抄串了几个，抄错了几个，欣爸正气呼呼地数落她。说着，他大笔一挥就划掉了错的地方，要求欣重写。欣同学哭得上气不接下气，眼泪把作业本都打湿了……欣爸这下更气了！还好他强压着怒气出去了，房间里只剩下我和欣。

平时我也常常被欣哭得心烦意乱，忍不住发火。结果当然是越弄越糟了，我越吼欣越哭。我明白，吼叫只会火上加油，让欣更加沉浸在自己的恐惧和痛哭中，这样恶性循环，根本没法解决问题呀。

我拉着欣爸做了几个深呼吸，喝了几口水，情绪平复一些再进房间。欣爸的烦躁又冒出来，开始数落欣："你怎么总是这样粗心，怎么会把第三单元的内容抄到第四单元！一共就8个单词，居然错了这么多……"他越说越气。值得庆幸的是，因为刚才平复过心情，他的情绪比刚才缓和了许多，欣的反应也没有那么强烈了。

这样下去不是办法啊，我想起了之前学习过的内容：将评价转为观察。观察，是仔细观察正在发生的事，并陈述出观察到的结果；而评价则是在观察的基础上加上自己的主观看法，并把它当成真实的存在表达出来。当我们用评价的方式去看事情时，就容易贴标签、下结论，心中的怒火因此噌噌往上冒，被评价的人也会感受到批评和否定，从而产生逆反、逃避等心理。他们暂时屈服于外部或内部的压力，但这并不能真正解决问题。

我尝试着和欣爸一起以观察而非评价的方式来看这件事：8个单词中抄对了5个，还有一个是把第三单元的单词抄成了第四单元的内容。这么一看，只有2个单词是错误的，对的更多呀，并不是像我们感觉的那样，"总是""每次""根本不愿意""故意不听话"。

这么一分析，我们就没那么生气了，欣爸态度温和起来。欣也慢慢平静下来，她不再陷入"都是爸爸的错""半夜2点也写不完""我再也写不好"的痛苦中。在平静的心情中，欣拿起笔刷刷地重新写了起来，我也退出了她的房间。不到五分钟，欣就喊爸爸检查签字。一会儿,欣高兴地过来说都写完了,要睡觉了。

睡觉时,我搂着她一起总结了今晚的经验教训。

欣的总结:

1. 用尺子对齐,就不会跳行了。

2. 做完了马上就喊爸爸检查,不要再搞到晚上睡觉前了。

3. 哭的时候不写作业,哭完了再做。

我补充:

1. 做完了自己先检查,难道考试的时候也要爸爸来检查?

2. 自己的问题要接受并解决,不要推卸责任。当时确实是爸爸划坏了本子,只好撕掉那一页重写。但是爸爸之所以会划本子,还是因为自己没写对,没检查。全部重写,是因为眼泪水把写对的地方也浸坏了,与爸爸无关。当然爸爸发脾气也不对,所以自己要承担责任,道歉并改进。

3. 同意"哭的时候不写作业"这一条。写作业一定要心情平静,不然越写越错,越错越烦,越烦越哭,爸妈的火也会跟着越来越大。

欣一一点头,赶紧睡觉去了。

《非暴力沟通》[1]一书中曾提到,诸如此类的评论暗含着我们的价值观及需要。不幸的是,以这样的方式提出主张,很可能会招来敌意,使我们的愿望更难得到满足。即使他们接受批评,做出让步,通常也不是心甘情愿的。如果他们出于恐惧或内疚来迎合我们,或迟或早,我们将会发现对方不再那么友好。当然,他们也付出了代价。

---

[1] 卢森堡.非暴力沟通[M].阮胤华,译.北京:华夏出版社,2009.

6. 谎言的背后

周末上午，我在班级群里看到有人在邀约伙伴下午去看电影。我便打电话给四年级的欣，问她知不知道这件事。欣说知道。我问她想不想去，她说不想去。问她原因，欣先是说看过了。我问她跟谁看过了，她说以前跟妈妈看的。我立马否认："我没带你看过呀。"她在电话那头支支吾吾地说："好像看过书，又好像看过电视……"

我的怒火噌噌就往上冲了，我心中有个声音在吼：至于吗？连这样的小事也要撒谎吗？我努力深呼吸，尽量克制住情绪。缓了缓，我问她到底要不要去看电影。欣沉默了一会儿，突然来了一句："我不知道，我不知道……"语调中带着哭腔。我感觉不对劲，却不知该怎么说下去，就丢下一句"回家再说"，匆匆挂了电话。

我跟欣爸诉说了自己的委屈。欣爸安慰了我，他说："这么点小事，她干吗要撒谎啊，这得有多害怕事情的后果啊！"那一瞬间，我心中一动，我忽略了什么？我又回到了哪条老路上？

晚上我和欣窝在沙发上聊天。

我诚恳地说："欣，上午看电影的事，其实我本来想得很简单。我就是看到班级群里有人在约看电影，就想着你想不想和同学们一起去看。如果你想去，我就安排一下。如果不想去，那就算了。我真的没有别的意思，更没有想过要生气。欣，可是你为什么要说一些没有发生的事呢？我觉得你那是在说谎，所以才生气的。"

"我不知道！"欣把头埋在我身上弱弱地说。隔了一会儿，她又加了一句："我不想去看。"

"你是不是不想去看，但是又害怕妈妈逼你去看，所以你就说了那些谎，希望能混过去？"我感觉自己找到了欣说谎的原因。

"我不想去看。"欣闷闷地说，"但是你想让我看。"欣嘟囔着还想说什么，却没再说了。果然，欣是担心我会强求她去看这个电影，所以想用谎言蒙混过关。我感到一阵心痛。

平时的我们，不知不觉中，到底强势地逼着孩子做了多少我们自认为是为他们好，却根本不是他们想要做的事呢？平心而论，如果欣当时回答不想去看电影，我真的会爽快地答应吗？真的不会想办法说服她吗？答案让我羞愧。

所谓给孩子自由、民主，其实不过是变着法的强势啊。看起来我们是给了孩子选择的机会，可是如果孩子的答案不是我们想要的，我们一定会想尽办法说服他们，来达到我们的目的。这就是典型的说一套做一套呀……

语言的作用往往是无效的，对于孩子们来说，他们直接体会到的是感受，然后用感受来指导行为。所以心如明镜的孩子们，他们的回应就会像欣一样：我知道反对无效！我宁愿说个谎混过去，我也不愿再尝试"拒绝你的提议，争取我的权益，寻找别的解决办法"这种没用的行动了……

想到这儿，我心痛极了！我把欣搂在怀里，认真地说："是妈妈做得不对，你不愿意的事妈妈总是逼着你去做。以后你一定要说出自己的想法，我们可以一起协商解决。如果以后我们再逼你做你不愿意的事，你就说'妈妈你别逼我，不然我又要说谎话了'，好吗？"

"嗯！"欣点头答应。我问欣："假如现在妈妈又逼你做你不想做的事，比如想让你去看电影，你怎么说？"欣想了一会儿，显得很为难。于是我领着她练习了两遍，她才将拒绝和要求协商的话说得有些顺口了。看着欣全身放松下来，神情满足，我的鼻子酸酸的。

我们大人经常不自觉地犯这样那样的错误，想要改变旧的观念和习惯很不容易，那孩子呢？没有哪个孩子天生就爱撒谎，那些变得爱撒谎的孩子，背后可能有家长的原因。当孩子撒谎时，我们不应急着责骂孩子，而应先冷静下来，仔细思考一下孩子这样做的原因，再找出解决办法。

7. 平静就是力量

突如其来的大爆发

本来语文听写对欣来说是件特别愉快的事，她做起来非常轻松，效率也很高。即使错了或者不会写，给她看一下或是空在那儿，回头再来一两轮就能全部默写出。

可是昨天晚上我才报了不到 10 个词语，四年级的欣同学就突然爆发啦！

刚开始她只是哭，怪自己为什么写不出来。我回应了她的感受：

"欣，你是不是着急，还有点害怕写不出？"她怪自己为什么连着4个字都写不出来。

我说："感觉你还有点害怕，是在害怕什么吗？"

欣又大哭起来，边哭边说："老师说，明天得不了100分要留校。"

以前每天只用听写一个单元，今天要复习两个单元，我感觉欣非常害怕自己过不了关。接下来欣就陷入到这种情绪中，使劲哭，还把笔摔在地上。她哭着反复说："为什么我写不出来，为什么连着4个字写不出来，为什么为什么……"当时真有一种祥林嫂附身的感觉。

当人陷入情绪中是无法与外界交流的，更谈不上解决问题了。我没有责怪欣的哭闹，而是轻轻搂着欣，抚摸着她的背，对她说："你睁开眼，看着妈妈。"我说了好几遍后，欣努力睁开眼，看着我，接着就大口地吐气、吸气。

这个深呼吸是我们以前经常练习的，我教她心里难受时，大口吸气大口吐气。这样做着，她慢慢平静了一些。

看她平静多了，我开始和她讨论。我说："接下来咱们可以有好几个解决办法，比如，今天先停在这里。"

"那明天要听写怎么办？"欣眼巴巴地问我。

我说："咱们可以明早起来再继续复习，或者你直接和老师打电话，说宽限一天，后天把两天的一起过关。"欣听到又着急得不行，"哇"地又哭起来。哎呀，果然一出主意就会出问题。问题的原因没

243

有找到，直接帮忙出主意只会坏事啊。

等欣慢慢平静下来，我建议欣出去走一走，因为心情不好的时候什么事也做不了。欣勉强同意，和我换鞋出门了。

真心接纳中找到情绪根源

一出门欣就完全平静了。

我先讲了一个我办公室的笑话。

一个实习生一紧张就写错，我说要扣钱，他就更紧张，结果连错了三次，越错越离谱，最后他实在受不了，对我说："陶子姐，你别说扣钱啦，你一说扣钱我没法做对啊！"

欣听得哈哈大笑，我趁机说："不只是你，大人也一样的，一紧张就会觉得有压力，就做不好了。"

欣在这时终于说出了心里话："妈妈，我觉得压力好大，我受不了！"

她告诉我，最近老师要求得特别严格，以前从来没有得不了100分就留校的，这几天听写没有满分的都留校了。老师还反复和大家说："期末考试你们要重视啊，你们要重视啊！"

"妈妈，我不知道要怎么重视啊！"欣迷茫地看着我说。我一把搂过欣，告诉她："妈妈听了觉得好心疼的。"同时我也大大地松了一口气。

之前的难受欣其实并不知道为什么，她只觉得烦躁、自责、痛苦，现在我们慢慢找到原因了，我们就有了探讨的可能。

我问她："你是不是在怪自己，不应该错那么多，害怕明天得不了 100 分？"

"是的。"欣飞快地回答。

"那得不了 100 分，会怎么样？"

"会留校。"

"会留校又怎么样？"

"不知道……"

"你是不是觉得被留校了，就不是好学生了？"

"嗯，是的，我不喜欢留校，只有坏学生才留校。"

我笑着讲起了我小时候上课折飞机被留校的故事，然后说："我不觉得自己是坏学生，而且，我现在也绝对不是个坏人啊。"欣听着也笑了。

我说："以前听写对你来说是最好玩的事，你最喜欢了，是不是？你要是写不出就看一眼或是放在那儿，回头再记，挺开心的。咱们最多三轮就能全记住了。今天咱们才开始呢，估计很快就能全记住了。"

欣点点头，表示认同。接下来我们商量了一下，最后一致决定明早起来再写。欣心情愉悦地入睡了，第二天早早爬起来，用了不到 20 分钟就完成了任务。

接受了自己，就有了平静的力量

我们有时候并不清楚自己怎么了，特别是孩子，他们搞不清发生了什么事，只会在难受的时候用哭来表达。在陪伴欣的过程中，我及时地停下来，分析并接受了自己的慌张情绪，我也就有能量接住欣的情绪了。我慢慢陪着她找到了情绪的来源，她才真正得到了放松，也有勇气继续面对困难了。

后来欣去上学了，我脑海里突然冒出心理学家徐浩渊老师曾对我说过的一句话："平静就是力量。"

对于我来说，平静就是陪欣度过这一晚的力量；对于欣来说，平静就是面对自己问题的力量。

我非常能理解来自老师的压力、学校的压力，如果教育的大环境没有变化，他们也摆脱不了这些压力。

在学习这条漫长的道路上，孩子们身上有三重压力：一重是来自学校老师，他们对孩子有要求；一重是来自我们家长，我们家长的担心、害怕和焦虑，是孩子身上重重的山；最后一重是来自孩子自己，他们需要为自己的成长负责。

我们能做的，是把我们家长的这份焦虑自己消化，不要转移给孩子。我们应真心信任孩子，为孩子扛住来自学校和老师的那份压力。把属于孩子自己的那一份压力，留给他们自己承担。这样，我们才能真正帮助他们……而不是让自己和孩子都困在无助和焦虑中。

特别推荐:

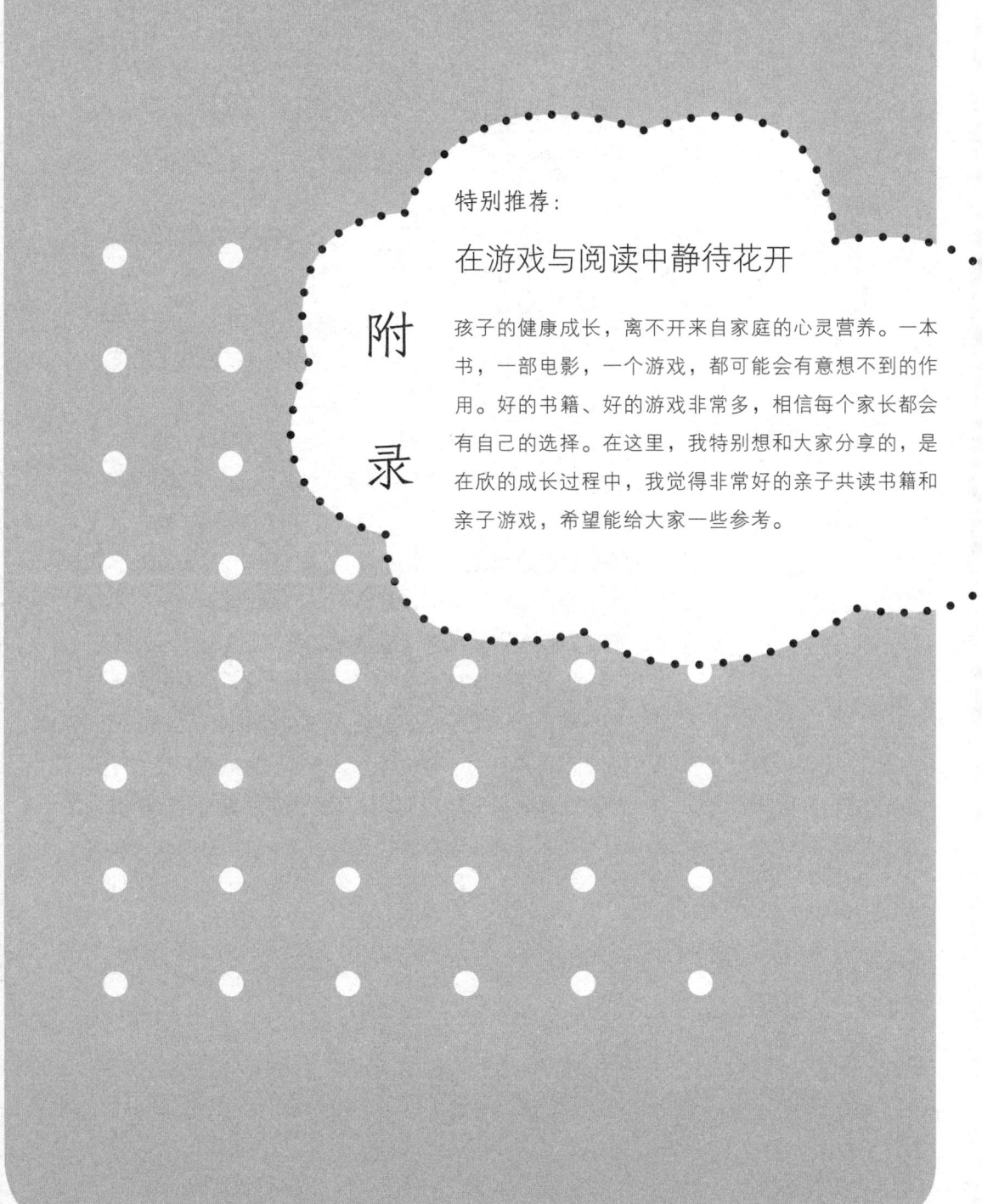

在游戏与阅读中静待花开

孩子的健康成长,离不开来自家庭的心灵营养。一本书,一部电影,一个游戏,都可能会有意想不到的作用。好的书籍、好的游戏非常多,相信每个家长都会有自己的选择。在这里,我特别想和大家分享的,是在欣的成长过程中,我觉得非常好的亲子共读书籍和亲子游戏,希望能给大家一些参考。

附录

1.《我永远爱你》
用爱疗愈渴望的心

《我永远爱你》是"聪明豆"系列图书中我最喜欢的一本。故事中的阿力对妈妈做了一场"爱的测试"——无论它做了什么坏事,妈妈都答以"我永远爱你",并和它一起寻找解决办法。欣的一位好朋友在听这个故事时,在好几个场景中都哭了,其实那正是一个疗伤的过程。

每次我和欣共读这本书,欣都会表现出满满的满足和信任。我也曾在控制不住脾气后,满心愧疚地与欣共读这本书,欣会含着泪要我读了一遍又一遍。在反复共读的过程中,我们的家庭氛围越来越温暖。

每次读到这句"我永远爱你",我心里都会涌上一阵酸楚。我经常翻看这本书来疗愈自己,我告诉自己:小时候我得不到来自父母的这种坚定的、无条件的爱,那是因为他们也不曾得到过,所以无法给予我们。现在我们自己身为父母,我们渴望而得不到的,应该努力给予自己的孩子。我们可以像书中阿力的妈妈一样,面对孩子的错误一遍遍告诉他们:错了没有关系,我永远爱你!我们可以一起面对问题,解决问题。

2.《猜猜我有多爱你》
爱在你我心中流动

在写作本文时，我问已经上高一的欣："从小到大给你买的书中，你印象最深的是哪一本？""《猜猜我有多爱你》！"欣脱口而出。"为什么呢？"我问她。"我感觉这本书特别治愈。"欣笑着说。

这本书是欣1岁多时我买的，我第一次给她读，她当场就爱极了。欣学着书里小兔子的样子，在沙发上一会儿打开手臂，一会儿趴着把脚升到高处，一会儿蹦跳……嘴里大叫着："我有这么爱你。"

欣5岁的一天。

"欣你有多爱我？"陪着欣躺在床上，又讲完一遍《猜猜我有多爱你》的故事，我随口问她。

"我有……嗯……3和4那么爱你。"欣想了一会儿，才组织出词汇来。

"我有5和6那么爱你！"我跟着说。

"我有7和8那么爱你！"欣笑着喊了起来。

"我有9和10那么爱你！"我也跟着喊。

欣一翻身，坐了起来，咯咯地笑着叫："我有1、2、3、4、5、6、7、8、9、10那么爱你！！！"她猛地趴到我的胸口，使劲地拱啊拱。我抱着她，幸福如清泉般汩汩流淌……我的眼睛湿润了。在这个时刻，我觉得，世界实在太美丽。

3.《逃家小兔》
用爱带你回家

有一次，我和母亲讲到图画书对孩子的影响，提到《逃家小兔》这本书。

在书里，想离开家的小兔子说到每个离家的场景，他的妈妈都说自己会变成相应的人或物陪在那里。最后小兔子变成小男孩回到家，妈妈正好张开手臂紧紧地抱住他，并递给他一根红萝卜。

我想起了自己童年时也曾离家出走过。我有感而发地说："很多孩子要离开家，是因为家里待不下去了，如果家里充满了爱，他们又能跑多远呢？"抬眼望去，我看见母亲的眼中也泛着泪光。母亲抬手飞快地抹了一下眼睛说："我们那时候也不知道有这样的好书啊。我们工作那么忙，也没学过什么教育。如果我们也有这条件，该多好呀。"

对于过去的种种，我突然有了更深刻的了解。我想起了小时候，母亲也是一遍又一遍满世界地找我。一颗母亲的心，一份母亲的爱，当年的我又能明了多少呢？我以为缺失的爱，其实它一直都默默地存在啊！

我赶紧说："没有关系呀，对于欣，我们知道如何做好了。"母亲点着头说："是啊。"说着，开始出神。她又沉浸在这个故事中了。这一刻，我在心中默默地对她说："我会用我的爱带着欣前行，我也会用我的爱带你回家，陪你感受家的温暖。"

4.《你不可以随便摸我》
家庭性教育必不可缺

这本书曾引出过一个令人心痛的故事。有一天，我把这本书遗忘在朋友家了，她在我的建议下和8岁的女儿共读。当天晚上，女孩告诉妈妈，她曾被家中的男客人侵犯过。听着朋友在电话里痛骂那男人，我好心疼孩子。是什么让孩子一直不敢向家长求助？我一直推广儿童性教育，5年来上了2000多堂儿童性教育课，却没能让朋友保护好她的女儿，我很难过。实际上，至少三年前我就和朋友聊过这些话题，可是她并没有意识到儿童性教育的重要，也没想过要在家中实施性教育。很多悲剧，本来是有机会避免的……

《你不可以随便摸我》书中，作者通过妈妈和孩子的对话及睡前游戏，以一问一答和实际举例的方式，很具体地教孩子避免遭受性侵害的方法——判断能力、拒绝能力、正确的观念。书中开篇的挠痒痒游戏建议小学以前的家长都可以和孩子玩一玩，可以按照书中的方式对孩子进行引导。

家庭性教育的具体内容涵盖很多细节，在本书中无法一一展开。在这里我想特别提醒家长，要帮助孩子学会保护自己，远离性侵犯，不仅要远离陌生人，还要对那些侵犯隐私行为的熟悉的人大声说"不"。告诉孩子们，一定要相信自己的直觉，当对方触碰你、让你有不舒服的感觉时，不管他是谁，不管他碰的是哪个地方，一定要赶快离开他。并且要把这件事情告诉你的父母或者是信任的大人。请记住，即使真的发生了什么事，也绝对不是你的错。

5.《我好生气》
学会恰当地表达情绪

《我好生气》是美国知名儿童心理咨询师科尼莉亚·斯佩尔曼编著的"我的感觉"系列中的一本,这套书我很喜欢。

每个人都会受到情绪的困扰,比如生气、难过、害怕、嫉妒、想念等,孩子们也不例外。他们很多时候不知道该怎样表达自己的情绪,更不知道如何应对。我们需要教会孩子如何面对自己那些不舒服的、不愉快的感觉。

比如当欣生气烦躁的时候,我就会翻出这本书和她一起读一读,帮助她了解情绪的来由、感觉以及处理方法,管理自己的情绪。感觉与行动是有很大区别的,我们要帮助孩子认识到这一点。所以我还会和欣一起探讨如何控制自己的愤怒,用既不伤害自己,也不伤害他人的方式来表达愤怒。

其实对于很多成年人来说,他们也不知道如何面对自己各种不舒服的情绪。比如生气难过时,有的人要么像3岁的欣那样乱发脾气,要么自己委曲求全,从来不知道可以把自己的感觉说出来,让别人了解自己真实的需求。单纯地只教孩子如何处理不舒服的情绪是远远不够的,因为对孩子更有影响的还是我们家长的言传身教。

所以,我们也需要学会控制自己的愤怒。当我们一时无法控制情绪,用不恰当的方式表达情绪,在言语或行为上伤害了别人,我们也要像书中所说的那样,及时道歉。言行一致,才能让孩子学会正确的处理方法。

6.《我的名字不是笨蛋》
每件事都有三个以上的解决办法

有一年，欣外公给欣买了多好书，我和欣最喜欢的就是这套帮助孩子学习如何解决社会问题的"儿童问题解决系列"丛书。

《我的名字不是笨蛋》是其中的一本，讲的是小珍不喜欢被小迪叫笨蛋，她该怎么做才能让小迪不再叫她笨蛋呢？小珍想出了9个办法：她可以大哭，叫小迪笨蛋，告诉小迪自己的感觉，等等。读者可以帮小珍做一个选择，然后翻到相应的页面看看事情的发展。在之后的每一次发展中，都会有不同的办法等待选择。

有研究表明，如果一个孩子越能用多种策略来解决自己的社会问题，他的社会适应能力就越好。读这本书的时候欣上一年级，我们当时一直在练习"每件事有三个以上的解决办法"，这套书非常符合我们练习的这个主题，让欣得到了充分思考的机会。

在共读的过程中，我也把一些和情绪有关的问题加进去，让欣思考当问题发生时，当事人对事情的感受。其实，对于事情的感受并无好坏之别，这些感觉是真实存在的。能察觉自己感受的能力，可以帮助孩子以符合自己或别人需要的方式，来思考问题解决的策略。在我的引导下，她发现所有的替代方案并无对错之别，最终的结果让她明白了为什么有些方法比别的方法更有效果。

7.《小熊和最好的爸爸》
　　孩子也会飞吗？只要他有个最强壮的爸爸！

　　欣5岁的时候无意中看到一套"小熊和最好的爸爸"系列图书，共7本。欣立马就喜欢上了。原以为这是套温馨的父女共读的书，没想到里面的游戏实在太好玩了，我们三个人照着书里小熊的故事玩疯了，屋顶差点被掀翻。

　　那个晚上我们照着《和爸爸一起开聚会》《和爸爸一起做游戏》里面的游戏玩了七八样，当然，考虑到我们的实际情况，我把那些游戏通通改成了我们三个人在室内就可以玩的。猜动物，拿一个放两个，听声音找东西，传画……欣最爱玩的是站圈圈和堆蛋糕。欣爸站在一张小小的纸上，我们两人挂到他的身上，然后他"咚"地一下倒在床上。欣笑得前俯后仰，连续玩了七八次。堆蛋糕被我改成了在床上堆东西，所有想得出、想不出的东西全被堆了起来。等我倒杯水进来，屋里的情景变成了欣站在高高的"山峰"上，欣爸在一旁小心地护着……

　　我最喜欢这本书里的一句话："小熊也会飞吗？只要他有个最强壮的爸爸就可以！"

　　推荐这套书的时候，回想起当时的情景，我忍不住微笑。相信每一个智慧的父母读到类似这样的亲子书籍，一定会和孩子共同创造出更多的亲子游戏。让我们的家在成长中越来越幸福！

后记　只是因为爱你

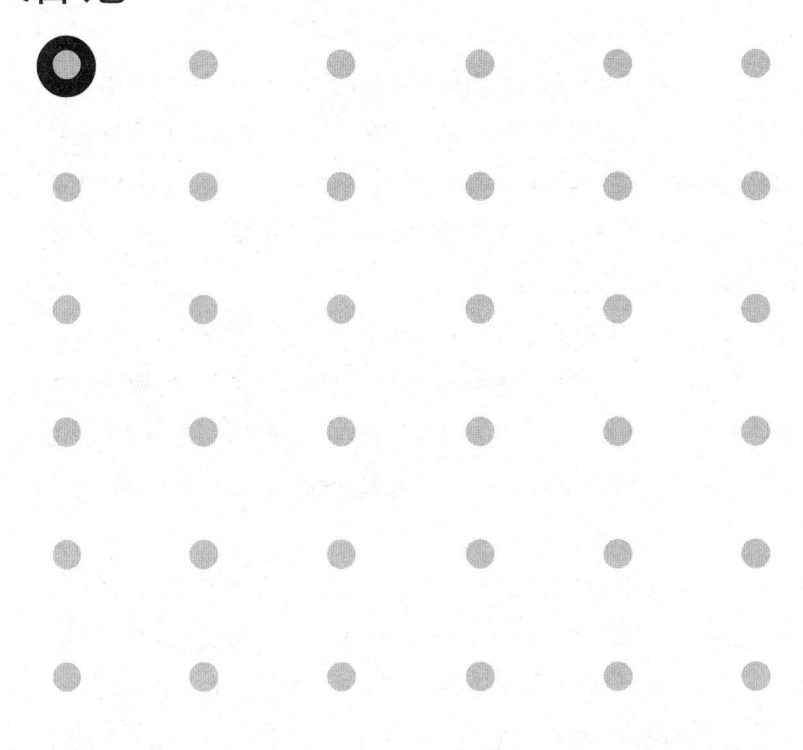

一

有一天，我发现和欣经常去吃饭的那家餐厅关门了，估计是租约到期了。庆幸的是，我们之前连着享用了好几次欣同学喜欢的一种套餐。

在去别的饭店的路上，我告诉欣，当晚电视台会放一个她特别喜欢的节目，她欣喜若狂，大叫："我要看！我要看！我就知道妈妈会让我看。"她得意地说，"有个理由是因为这次英语小考我得了满分。"

我认真地告诉她："欣，就算你没有得满分，也不管你考了多少分，我都会让你看的。因为我爱你，我愿意你能得到自己喜欢的东西。"

"真的吗？"欣有些不确定地问。

"是的，欣，因为我们爱你！"我点点头，肯定地回答她。

欣展颜欢笑，那笑容灿若星辰。

我一直觉得，在陪伴孩子成长的过程中，好的亲子关系大于教育本身。每一次家长课上，我都会和大家分享：良好的亲子关系才能让我们有机会帮助孩子。当我们和孩子建立起相对平等、自由、尊重，不把自己的意愿强加给对方的亲子关系，孩子就会更愿意与我们合作。我们的爱，能让他们学会为自己负责，慢慢成长为最好的自己。

有此体会，源于15年前女儿来到这个世界。和每一个新手妈妈一样，我手忙脚乱，时常感到恐慌焦虑，甚至陷入深深的无助。在网友书麟的带领下，我无意中进入了"李跃儿网站"，进入了徐浩渊老师的心育心网站。在大家的帮助下，我才理解了：原来，育儿是从育己开始的；原来，成长是一条自省的途径，向内成就自己，向外成就孩子。

从那一天起，我睁开迷茫的双眼慢慢看见了自己，看见了孩子，看见了世界……女儿成长的15年，也是我自我成长的15年，我的孩子、家庭、事业都发生了巨大的变化。我深深地感谢李跃儿老师、李跃儿的丈夫大胡子老师、美丽姐姐、玉米妈妈、美好人生、浅尝……还有许许多多在成长路上引领我、陪伴我的朋友们，遇到了你们，我的人生如此美丽。

二

在陪伴孩子成长的过程中，作为家长，我们需要掌握相关的基础知识，更重要的是需要不断地自我成长，好好地、真心地爱自己。爱自己不是简单的吃喝打扮玩乐，真正的爱自己是建设自己的身体和心理健康，提升自己的心理素质。学会"看见"，看见自己的心理模式，看见自己需要呵护提升的弱点，接纳自己，呵护自己，不断成长。善待了自己，我们才能更好地善待身边的每一个人。

我的经验是：我与家人一起为孩子建设好前6年的成长环境，接下来的

6年里，遇到冲突情绪失控时，家长与孩子都能及时停下，然后共同寻找曾经练习过的方法和招数，让我们的亲子关系越来越和谐。

如果你正为教育孩子而发愁，不妨试试本书里的十二招，或许会有一些意外的惊喜。我想说的是，书里记录与提供的一些方法，仅供大家参考。因为每一个孩子都是独特的，我们不可拿着一成不变的方法来应对，应根据实际情况而灵活调整。常常有家长问我，那怎么判断方法的对错呢？简单来说，对错并不重要，有用的、有效的才是最重要的。

招数是一种"术"，"道"需要大家在使用的过程中，配合自己的个人成长，慢慢体会和内化。

使用这些招数有五个层次的变化，层层递进，大家可以细细感受。

第一层：手中有招

在我们面对孩子的问题束手无策的时候，一些方法将会让我们手中有招，供我们使用。

第二层：见招拆招

手中有了不少可用的招数，我们就可以练习使用，遇到不同的问题拿出相应的招数试一试，练一练。在这个过程中不断总结经验，获得成长。

第三层：学会变招

通过反复的练习，我们逐渐熟能生巧啦。这时会发现相似的问题在不同的情境中可能需要不同的招数，而同一个招数稍微变化也可能有奇效。于是，变招技能就在这时点亮了。

第四层：随手破招

心中有招、过招熟练、变招顺手，到了这个程度，面对各种随时随地发生的问题，我们不必太在意什么问题对应什么招数，哪个招数还有什么讲究，随手破招就好。

第五层：无招胜有招

得心应手时，我们将会无招胜有招。

2019 年 9 月于长沙

图书在版编目（CIP）数据

虎娃猫妈亲子过招十二年 / 杨陶如著 . —上海：少年儿童出版社，2020.1
ISBN 978-7-5589-0783-8

Ⅰ.①虎… Ⅱ.①杨… Ⅲ.①家庭教育 Ⅳ.① G78

中国版本图书馆 CIP 数据核字（2019）第 249964 号

虎娃猫妈亲子过招十二年

杨陶如 著

何 珈 绘图
赵晓音 装帧

责任编辑 曹 燕 王 慧 美术编辑 赵晓音
责任校对 陶立新 技术编辑 许 辉

出版发行 少年儿童出版社
地址 200052 上海延安西路 1538 号
易文网 www.ewen.co 少儿网 www.jcph.com
电子邮件 postmaster@jcph.com

印刷 苏州市越洋印刷有限公司
开本 720×980 1/16 印张 17.5 字数 184 千字
2020 年 1 月第 1 版第 1 次印刷
ISBN 978-7-5589-0783-8 / Ⅰ·4536
定价 38.00 元

版权所有 侵权必究
如发生质量问题，读者可向工厂调换